LIBERO CONCAS

SARDEGNA

COME UN RACCONTO

Sardegna. Quasi un continente.

Nel 1958 Marcello Serra, noto giornalista e scrittore, pubblicò il libro *Sardegna. Quasi un continente*, cui fece seguito, nel 1961, un interessante documentario televisivo curato sempre dall'autore e impreziosito dalla colonna sonora del maestro Porrino.

Il documentario-inchiesta presentava uno spaccato della società sarda dell'epoca attraverso immagini in bianco e nero di notevole interesse, pur scivolando talvolta nella retorica, nel commento delle stesse.

"I sardi hanno la coscienza di appartenere a un continente. Anche per questo rimasero per secoli asserragliati nella loro fortezza".

E citando D.H.Lawrence e il suo magistrale *Mare e Sardegna*: *"Dovunque si vada, si trova che il luogo ha il suo genio conscio. L'uomo qui ha vissuto e qui ha allevato la propria coscienza, in qualche modo ha reso coscienti anche i luoghi, ha dato loro un'anima, li ha completati".*

Sardegna. Quasi un continente: Marcello Serra ci ha offerto due ore di belle immagini che, a distanza di 60 anni, mantengono inalterato il fascino di un viaggio in un tempo che già allora appariva arcaico, immobile, mitico. Ma era il tempo ed erano i luoghi dei pastori, dei loro silenzi e delle loro solitudini. Era il tempo delle sagre religiose sovrappostesi a riti pagani vecchi di secoli, ma che non avevano del tutto rimosso lo spirito autentico di quegli antichissimi incontri, di quelle remote feste. Ed erano luoghi selvaggi, anch'essi al di fuori dei tempi, e che all'epoca sarebbe stato arduo immaginare esposti e attaccabili da una modernità che tutto avrebbe omologato trascinando con sé i suoi abitatori nelle tentazioni inarrestabili di un consumismo schiacciante.

E il mare, questa grande muraglia che per secoli aveva costituito una naturale barriera per la Sardegna occultandola o per lo meno sottraendola per lungo tempo ai movimenti culturali e commerciali che si alternavano senza sosta lungo le rotte del Mediterraneo, e anche il mare era ormai diventato uno spazio aperto grazie alla diffusione dei più moderni e veloci mezzi di trasporto. Una dopo l'altra venivano a cadere le difese che per secoli la società sarda, soprattutto quella dell'interno, quella maggiormente aggrappata alle tradizioni, aveva frapposto fra sé e lo straniero.

Furono soprattutto le nuove tecnologie della comunicazione a dare la spallata definitiva a quella grande muraglia che il mare aveva rappresentato per secoli; e tra questi mezzi, si affermava prepotentemente la neonata televisione, che avrebbe agito da irrefrenabile spinta verso il cambiamento.

E si avviò in quegli anni un progetto di trasformazione culturale che avrebbe trovato, com'era d'altronde nelle intenzioni dei suoi sostenitori, la conferma della sua ineluttabilità, come presupposto per l'avvio di un faraonico progetto d'industrializzazione, del saccheggio delle coste e di sviluppo turistico, smentendo in meno di due decenni, le speranze di chi si era illuso che la Sardegna avrebbe potuto resistere, e quindi rallentare, per lo meno, l'annientamento della propria anima.

L'auspicio, rivelatosi carico di ottimistiche speranze spazzate via in pochi anni, era stato dunque quello che i paesaggi della Sardegna non diventassero piatti, incolori, costellati da mostruose "cattedrali nel deserto" destinate a divenire in pochi lustri siti di archeologia industriale. Il rischio, poi avveratosi regolarmente, era quello di bruciare ingenti risorse utilizzando per questa lucida follia i fondi provenienti dai bilanci nazionali e regionali, che migliore destinazione avrebbero potuto trovare se diretti verso l' ammodernamento delle attività economiche tradizionali.

E in uno con i poli industriali si avviò l'opera devastatrice di una incontrollata cementificazione lungo la fascia costiera. Il danno che si poteva evitare con una più attenta programmazione delle risorse (umane, ambientali, economiche) del territorio, e cioè quello d'impedire che l'Isola smarrisse del tutto la sua identità,formata dai miti,dai costumi, dalla sua secolare attività agricola e pastorale inserita in un ambiente fondamentalmente integro, si verificò invece puntualmente. L'auspicio di coloro che avevano a cuore la conservazione di un patrimonio culturale e ambientale per certi aspetti unico nel panorama italiano, non fu sposato dalla classe politica, ma rimase circoscritto a una minoranza d'intellettuali, pochi scrittori e ad alcuni esponenti del mondo universitario, ma essendo rimasto privo della necessaria e corretta informazione giornalistica non fu in grado di coinvolgere in profondità la società civile.

Si finanziarono industrie petrolchimiche localizzate nel Golfo degli Angeli e nel Golfo dell'Asinara. Si avviarono poli industriali in piena Barbagia e nel Marghine con la semplicistica convinzione che solo la forzata trasformazione economica di un ambiente a spiccata vocazione e tradizione agro pastorale avrebbe potuto innescare in breve tempo l'auspicato passaggio a un'economia industriale e alle attività terziarie ad essa connesse.

Illusorio continuare a credere nella possibilità che l'economia sarda potesse innovarsi, con i necessari supporti finanziari e formativi, mantenendo il giusto equilibrio tra le esigenze del mercato e quella delle decine di migliaia di piccole aziende agro pastorali? Si voleva invece perseguire con nuovi metodi e ingenti risorse finanziarie, l'antico progetto di eliminare o per lo meno ridurre al minimo l'attività pastorale dell'interno dell'Isola, proponendo e imponendo il passaggio da un'economia arcaica a quella della grande industria? E accennando a quei progetti d'industrializzazione, all'epoca appena avviati, Marcello Serra li presenta quasi come una panacea per gli antichi mali dell'isola.

Resta comunque encomiabile il fatto che l'autore, nella parte dedicata alla Sardegna autentica, quella dell'interno, cattura e ci regala delle immagini in netto contrasto con quelle che contemporaneamente venivano trasmesse dalla TV e dai cinegiornali Incom e che magnificavano il boom economico italiano, la motorizzazione di massa, le vacanze estive al mare e le settimane bianche, le lavatrici, i frigoriferi, la costruzione di autostrade e aeroporti, intercalando queste accattivanti immagini con quelle delle catene di montaggio presentate quasi come il paradiso per la classe operaia. E grazie alle immagini raccolte da Marcello Serra e che sembravano appartenere a un eden ormai sulla via del tramonto, assistiamo alla tradizionale pesca del tonno e a quella del corallo; alla transumanza delle greggi dalla Barbagia al Campidano; alle sagre religiose; al ballo sardo lento e quasi ieratico, in contrasto con lo scatenato rock in voga in quegli anni.

E ancora cavalcate in piena libertà negli altopiani ricoperti di asfodeli in fiore; ammiriamo i pochi sopravvissuti esemplari della foca monaca nel golfo di Orosei; vediamo i mufloni inerpicarsi su impossibili costoni rocciosi, e vediamo uomini e donne indossare i loro costumi veri nella normale quotidianità.

Tornano alla mente le osservazioni fatte 40 anni prima (nel 1921) da Lawrence a proposito di un contadino che passeggiava sotto i portici della via Roma a Cagliari, dritto, splendido nel suo costume bianco e nero; in testa un lungo berretto a calza, che pende dietro. Com'era bello ed elegante nel suo camminare con le mani dietro la schiena, lento, diritto, distaccato. Splendida, indomabile fierezza.

Quasi un continente.

Seconda isola del Mediterraneo per estensione (24.100 chilometri quadrati), dopo la Sicilia, ma a differenza di quest'ultima, nettamente staccata dal continente europeo, l'Isola dista circa 188 km. dal litorale toscano, 180 dalle coste tunisine, ed è all'incirca equidistante dall'isola di Minorca e dal litorale campano. Il tratto di mare che la separa dalla Corsica è di soli 11 km., ma queste due isole durante il glaciale Wurm, circa 18.000 anni fa erano unite; a partire da quel periodo, con il progressivo esaurirsi della glaciazione, il livello del mare è salito progressivamente di circa 130 metri e le due isole hanno assunto l'odierno profilo costiero.

Sebbene si trovi al centro del Mediterraneo occidentale, la Sardegna, a differenza della Sicilia, non è mai stata un crocevia per gli intensi traffici che affollavano il Mare interno. I traffici aumentarono notevolmente attorno alla metà del II millennio a.C. quando, grazie alle tecniche costruttive del naviglio (fornito all'epoca di chiglia, vele, remi, timone), si diede inizio a una vera navigazione che permetteva di raggiungere approdi sempre più distanti dai porti di partenza del Vicino oriente, di Creta, del Peloponneso, delle isole Cicladi.

La ricerca di minerali (rame e piombo a partire dal periodo Eneolitico) in numerose vene affioranti o che necessitavano di scavi poco più che superficiali, e prima ancora dell'ossidiana (a partire dal Neolitico finale), pietra vulcanica molto ricercata per la costruzione di arnesi e armi taglienti, e presente in Sardegna nel monte Arci, furono certamente motivo di frequentazioni che si protrassero per secoli da parte di popolazioni tirreniche e iberiche. L'interesse per la Sardegna è probabile che fosse limitata a quel tipo di commercio ed è comunque probabile che si sia trattato di un commercio passivo per le popolazioni prenuragiche. Il ritrovamento di reperti di ossidiana sarda in alcuni siti archeologici della penisola italiana conferma che il commercio di questa pietra vulcanica era comunque notevole. Infatti nel bacino occidentale del Mediterraneo l'ossidiana si trova, oltre che in Sardegna, soltanto a Lipari (isole Eolie) e a Pantelleria (al centro del canale di Sicilia).

La Sardegna, tenuta presente la sua insularità e la scarsezza di approdi agevolati, è stata per un lunghissimo periodo preistorico al di fuori delle correnti e degli avvenimenti che hanno contraddistinto l'evolversi della civiltà classica sorta nell'antica Mesopotamia, con i vari popoli che in quella regione si sono succeduti nel corso di alcuni millenni (dal Neolitico sino al VI secolo a.C.). Si deve ai Sumeri, Accadi, Babilonesi, Assiri, e altri, un'organizzazione che aveva nella città e nel Palazzo l'asse portante dell'economia, della politica, della religione. Popoli che hanno diffuso, lungo i secoli, gli influssi vivificatori derivanti dagli scambi commerciali e culturali e che hanno contribuito all'evoluzione delle popolazioni delle isole e delle regioni rivierasche del bacino orientale del Mediterraneo, che hanno beneficiato altresì della vicinanza con l' Egitto.

La Sardegna ha percorso un cammino sicuramente più lento e difficile fino a raggiungere comunque un altissimo livello (si pensi alle costruzioni megalitiche dei nuraghi) che, se ci spossessiamo dei paradigmi classici, potremmo definire una civiltà originale per certi aspetti e per altri pienamente inserita nelle correnti più diffuse della cultura mediterranea.

Regione aspra, con un territorio prevalentemente montuoso e collinare con altopiani rocciosi: le pianure complessivamente non superano il 20% dell'intero territorio. La Sardegna, con oltre 1800 chilometri di linea costiera è, apparentemente, un'isola aperta, ma la barriera delle sue montagne e degli altopiani interni si è sempre opposta ad eventuali conquiste esterne così come ha costituito un notevole ostacolo anche a un'attività di baratto o di scambi.

L'isolamento verso l'esterno si è quindi sommato all'isolamento dell'interno: un'isola impenetrabile, per gli stranieri e per le popolazioni indigene. Si spiega così anche il motivo per il quale i vari conquistatori si sono sempre limitati allo sfruttamento delle risorse facilmente reperibili e sfruttabili, piuttosto che impegnarsi in lunghe e costose operazioni di conquista cui, una volta attuata, avrebbe fatto necessariamente seguito un arduo e continuo controllo del territorio.

Se nel corso dei secoli c'è stata integrazione tra le popolazioni indigene e i nuovi arrivati (Fenici, Punici, Romani, Spagnoli …), questa si è limitata ai territori della fascia costiera e alle pianure. Troppo aspra e complessa la morfologia della Barbagia e decisamente forte e battagliero il carattere indipendente dei suoi abitatori arroccati in un nucleo compatto e difficilmente frantumabile. Unica eccezione il latino che in parte persiste nella lingua sarda delle zone più interne, e che ne fa quasi un caso unico con pochi altri esempi nell'intera Europa. L'imperialismo romano, sostituitosi a quello cartaginese, non poteva accettare che nell'Isola persistessero delle sacche di ribellione dei *sardi pelliti* che nelle pianure facevano razzia dei raccolti cerealicoli, destinati in buona parte all'Urbe. Da cui una ferocia senza pari per ridurre alla ragione le tribù ribelli (Iliensi,

Balari, Corsi) che costituivano un grosso problema per la Potenza egemone del Mediterraneo. E la lingua dei conquistatori, una volta introdotta con le legioni romane, si è integrata con le parlate precedenti. La matrice latina si è perfettamente inserita, integrandosi con numerosi termini ed espressioni di arcaica origine nuragica e fenicio punica, dando vitalità e solidità a una koiné estesa all'intero territorio della Sardegna centrale. Si venne perciò a rafforzare una comunità linguistica e culturale già esistente e che si manterrà omogenea anche nei secoli successivi alla caduta di Roma, grazie alla capillare opera di cristianizzazione iniziata per volontà del papa Gregorio Magno sul finire del VI secolo. E così il latino (quello dei Romani pagani e quello della chiesa cristiana) si sovrappose alle altre tradizioni che sempre trovarono nell'ambiente chiuso delle montagne il luogo più favorevole al loro persistere.

La montagna è il luogo di elezione per la conservazione del passato, osservava acutamente Fernand Braudel, ed è ciò che è sempre accaduto per la zona interna della Sardegna, scrigno delle tradizioni e degli arcaismi di tutto un popolo.

Sardegna ai margini della Storia

Nel secondo capitolo del suo libro Memorie del Mediterraneo, scritto nel 1969, Fernand Braudel ribadisce l'ipotesi che la Corsica e la Sardegna avrebbero atteso, per essere popolate, l'approdo di navigatori giunti verso la metà del III millennio.

Questo pensiero era assai diffuso ed era accettato dalla maggioranza degli storici che ebbero modo di occuparsi della Sardegna.

Da lì si snodarono le più svariate interpretazioni e congetture sulla provenienza dei primi Sardi, tralasciando un particolare piuttosto semplice: quello cioè che difficilmente un processo di popolamento di terre vergini, o comunque che offrono ampi spazi per accogliere nuove genti, difficilmente si esaurisce in un periodo storico circoscritto, accertabile e ben definito. E spesso si dimentica inoltre che i processi di colonizzazione possono subire delle interruzioni che abbracciano anche periodi piuttosto lunghi; che possono essere ripresi in epoche diverse o da altre genti e stirpi.   E' sempre frutto di un'eccessiva semplificazione inserire tali movimenti migratori inquadrandoli cronologicamente se si discute di avvenimenti storici (vedi ad esempio i controversi movimenti dei Popoli del mare del XIII – XII sec. a.C.); figurarsi quando si pretende di definire con un'accettabile approssimazione i processi migratori che risalgono alla preistoria,all'alba della civiltà, inserendoli in un'epoca ben definita, o ricercandone la motivazione o la provenienza.

Tenuto conto che numerosi storici del passato erano caduti nella semplificazione che l'arrivo dei primi colonizzatori coincideva con l'epoca della costruzione dei nuraghi (ipotesi ripetutamente esposta nelle fonti storiche), non rimaneva che individuare e precisare meglio gli stili e le culture ispiratrici delle costruzioni megalitiche per stabilire così la vera patria d'origine dei lontani antenati dei sardi, i costruttori dei nuraghi, visti erroneamente come i primi abitatori della Sardegna.

S'intravidero assonanze stilistiche e tracce delle probabili Culture che avrebbero potuto esercitare i loro influssi sulla tecnica costruttiva dei nuraghi, dei monumenti funebri (tombe ipogeiche o domus de janas e tombe dei giganti) , degli edifici sacri (pozzi sacri). Indizi che venivano suffragati e dopo qualche tempo rigettati; modelli architettonici che avevano riscontri   in altre culture mediterranee o europee continentali. Si accettava e si rifiutava in continuazione ora l'una ora l'altra ipotesi, senza arrivare a   un'interpretazione univoca o comunque accettabile dai più.

Un fatto appariva chiaro: il mare aveva isolato la Sardegna, lasciandola   fuori   dalla   Storia del Mediterraneo e dell'Europa,   per   i primi 7-8.000 anni del Neolitico e ci sarebbe   entrata solamente attorno al 2.500 a. C.   epoca cui si facevano risalire le tracce degli insediamenti "proto nuragici".   Pareva proprio che la Storia   avesse dimenticato la Sardegna o   perlomeno che fosse arrivata nell'Isola   con decine di migliaia d'anni di ritardo rispetto al Continente europeo.

Ma la Storia, quella remota, nasconde spesso il suo dispiegarsi lungo i secoli e i millenni, e ogni supposta verità o evidenza è sempre e solo interpretazione legata al livello delle conoscenze del presente e spesso è frutto di pregiudizi e di accomodamenti anche ideologici. Spesso nuove letture stravolgono ciò che si riteneva acquisito definitivamente; l'interpretazione   dei reperti archeologici non è né certa né definitiva, e non potrebbe essere diversamente. Basti pensare al continuo perfezionamento e potenziamento dei metodi d'indagine e al continuo apporto della tecnologia al servizio di tutti i rami della conoscenza.

Gli esperti che esaminano una Civiltà o un periodo storico molto lontano nel tempo, hanno dunque a disposizione strumenti e metodi sempre più attendibili per la datazione dei reperti archeologici, compresa la misurazione radiometrica, la più nota delle quali è l'analisi C-14, o del radiocarbonio, cui si sono aggiunte le analisi a mezzo della termoluminescenza e la fluorescenza.

Il metodo di datazione del radiocarbonio è stato messo a punto dall'americano Libby (Nobel per la chimica nel 1960) e si basa sulla degradazione che il C-14 subisce dopo la morte dell'individuo (animale, pianta, conchiglia) permettendo così di stabilire datazioni fino a 50.000 fa degli *individui* esaminati, con un margine d'errore dal 2 al 5% circa.

Anche la stratigrafia e le interpretazioni per analogia sono procedimenti diffusi e accettati; senza trascurare l'enorme vantaggio che proviene dall'uso sempre più generalizzato del computer e di Internet.

E' bene comunque non dimenticare che le certezze scientifiche sono valide in quanto consentono di soddisfare una certa esigenza d'interpretazione e che perciò risultano essere utili: la loro validità verrà messa in discussione da future inevitabili confutazioni.

E' assai fragile una qualsiasi teoria scientifica che non venga sottoposta alle più serrate critiche e confutazioni, e che al contrario pretenda di essere pervenuta alla definitiva enunciazione della verità.

La storia del pensiero scientifico non è una elencazione di dogmi, ma una continua analisi critica del livello raggiunto nel campo della scienza e della tecnologica, con l'obiettivo di un continuo perfezionamento che include necessariamente il superamento delle verità precedenti.

La Sardegna rientra nella Storia

La Sardegna ri-entrerà a pieno titolo nell'alveo dell'Europa e del Mediterraneo appena qualche anno dopo le riflessioni di Braudel.

Nel 1979 si assiste alla prima segnalazione di inconfutabili prove della presenza umana in un periodo ascrivibile attorno all'XI millennio a.C., in seguito al ritrovamento nella grotta Corbeddu di Oliena dei resti di un cervo *Megaloceros cazioti* con tracce di intervento umano a mezzo di un utensile ricavato da osso.

Alcuni studiosi spostano molto più indietro la probabile presenza umana in Sardegna, ipotizzando i primissimi arrivi nella parte finale del Paleolitico inferiore, approssimativamente attorno ai 120 mila anni fa A questa conclusione si è arrivati in seguito al ritrovamento di materiali scheggiati, in selce e quarzite, inquadrabili dal punto di vista tipologico nello stile *clactoniano* (quello cioè che caratterizza gli oggetti rinvenuti nel sito di Clacton-on-Sea, Gran Bretagna) e che si distingue per gli utensili su schegge fabbricati percuotendo il nucleo litico su un altro blocco che funge da incudine. Le industrie (intese come processi di trasformazione della materia prima, cioè la pietra) denominate clactoniane sono state attribuite ad alcune centinaia di oggetti (bulini, punte, raschiatoi, ed altro) venuti alla luce nell'Anglona, tra Perfugas e Laerru, lungo il corso del Rio Altana. Si può dunque tranquillamente affermare che buona parte di ciò che si era pensato e scritto per decenni, circa l'assoluta estraneità della Sardegna al lento cammino delle popolazioni europee e mediterranee verso la Storia e la civiltà, risultò essere un'ipotesi infondata.

Restava un ulteriore e arduo dilemma da sciogliere: chi furono e da dove provenivano i popoli colonizzatori della Sardegna? Queste domande si riferivano evidentemente alla colonizzazione più recente, quella probabilmente verificatasi in concomitanza con le grandi migrazioni che si susseguirono dopo la fine dell'ultima glaciazione. La soluzione con maggiori basi scientifiche era quella che ipotizzava una invasione proveniente per via terrestre e, limitatamente a brevi tratti, via mare. Questo in quanto nelle epoche remote cui si fanno risalire le prime tracce dei colonizzatori proto sardi e databili attorno al 10.000 a. C. (coincidente all'incirca con il periodo finale della glaciazione di Wurm), l'arte della navigazione pare fosse limitata ad alcune popolazioni del Vicino Oriente e riguardasse la navigazione fluviale, lacustre o tutt'al più quella costiera.

A questo punto l'ipotesi più attendibile sul percorso utilizzato dai primissimi e remoti "immigrati" suggerisce quello resosi disponibile tra l'arcipelago toscano e la Corsica e tra quest'ultima e la Sardegna: una sorta di ponte naturale, formatosi in più d'una occasione, grazie ai movimenti di innalzamento della piattaforma sottomarina e all'abbassamento del livello del mare nei periodi interessati dalle diverse glaciazioni avvenute tra i 500.000 e i 10.000 anni fa.

Dunque, dato ormai per certo l'arrivo di colonizzatori nell'XI millennio a.C., si può prendere in considerazione anche l'ipotesi che analoghi flussi immigratori si siano verificati in altre epoche ben più remote, attraverso analoghi percorsi formatisi in seguito agli sconvolgimenti climatici e all'emersione della piattaforma marina tirrenica interposta tra la penisola italiana e la Corsica.

Neolitico e nascita dell'agricoltura

Con la fine del Mesolitico (o Paleolitico finale), collocata tra 12.000 e 10.000 anni fa, si assiste a un clima più mite e al passaggio da una forma di economia basata esclusivamente sulla caccia e sulla raccolta di frutti ed erbe spontanee, ai primi "esperimenti" di agricoltura, intesa come attività produttiva di cereali e leguminose.

Dopo un lunghissimo periodo durante il quale tali piante furono raccolte allo stato naturale, si passò alla semina e al loro generalizzato consumo. Le popolazioni inserite stabilmente negli altopiani anatolici, siriani e iraniani hanno sicuramente ricoperto un ruolo da protagoniste in questa fondamentale svolta della civiltà.

In quelle terre (attorno al X millennio a. C.) nacque e si sviluppò, dunque, l'agricoltura, che unita alla domesticazione degli animali (ovini, caprini, suini e bovini), rappresentò una delle tappe fondamentali nella storia dell'umanità.

Facile supporre che per l'agricoltura come d'altronde per ogni tappa del cammino dell'uomo verso la "civilizzazione" (compresi i vari stadi riguardanti l'uso dei metalli), la diffusione delle "scoperte" non può che essere avvenuta lungo percorsi e tempi piuttosto lunghi. Resta comunque accettabile anche l'ipotesi che vede, in alternativa alla teoria della diffusione culturale, la possibilità che alcune scoperte in agricoltura, nelle tecniche di costruzione, in quelle di utilizzo dei minerali, siano frutto di un autonomo percorso. Ciò varrebbe anche per la religione, la scrittura, e altri rami dell'umano sapere. Teorie che potrebbero anche coesistere pur apparendo maggiormente accettabile l'ipotesi della diffusione della conoscenza in seguito a migrazioni, conquiste, e soprattutto all'attività commerciale.

I più accreditati studi indicano, quindi, nella regione iraniano-anatolica il punto focale per l'irradiamento delle tecniche agricole (attorno a 10.000 anni fa) che sarebbero poi state assimilate dalle popolazioni che occupavano i territori dell'Europa sud-orientale circa ottomila anni fa, per poi arrivare nelle regioni europee occidentali (penisola iberica) attorno ai 6000 - 5000 anni fa. Si calcola, cioè, che le tecniche agricole si siano diffuse a una velocità di circa 1 chilometro all'anno verso l'intera Europa, impiegando 4.000 anni per raggiungere le terre più distanti (i territori del nord-ovest) dai luoghi d'origine.

Degna di attenzione anche in questo caso l'ipotesi dell'autonoma scoperta dell'agricoltura sebbene non in maniera uniforme e simultanea.

Con il Neolitico si diede inizio anche alla fabbricazione degli utensìli necessari all'attività agricola, come i primi rozzi falcetti di legno o d'osso per la mietitura dei cereali e costruiti utilizzando, per il taglio, lamelle di ossidiana o selce.

Anche la manifattura delle ceramiche diede un notevolissimo impulso alla crescita delle comunità che erano passate dalla semplice raccolta alla produzione agricola, consentendo loro la conservazione dei prodotti, la cottura e il trasporto dei cibi. Gli uomini del Neolitico praticavano naturalmente anche la caccia e la pesca, ma fu grazie all'agricoltura e alla domesticazione degli animali che si poté sfamare un maggior numero di individui.

Gli agricoltori hanno abitudini e stili di vita decisamente diversi da quelli dei cacciatori; sono necessariamente più legati al territorio occupato, costruiscono le loro abitazioni nei pressi dei campi coltivati, danno più peso alla famiglia, al clan, alla comunità. E grazie a una migliore organizzazione e alla più ampia disponibilità di cibo, è più facile che il numero degli individui sia aumentato a un ritmo più elevato rispetto al passato, che presentava una popolazione stabile o in leggera crescita.

Le popolazioni dedite alla caccia e alla raccolta dei frutti spontanei, data la loro caratteristica di "mobilità" alla continua ricerca di selvaggina, non si potevano permettere una prole molto numerosa, poiché i loro spostamenti venivano sicuramente rallentati dagli individui più piccoli e da quelli più anziani. Occorreva continuamente migrare al seguito dei branchi della selvaggina, soprattutto quella di grossa taglia (bisonti, renne, cervi, ecc.).

Con l'agricoltura si assiste quindi a un grande balzo in avanti nella produzione degli utensili e nell'organizzazione delle piccole comunità degli agricoltori che lentamente, ma progressivamente, si stavano avviando verso una società di piccoli villaggi. Nella maggior parte dei casi, gli agglomerati rimasero comunque contraddistinti da una spiccata autonomia e autosufficienza che ne delimitava le dimensioni.

La situazione demografica di sottopopolamento,

l'asperità del territorio, la mancanza di regolari corsi d'acqua, la collocazione periferica o di difficile raggiungimento, un'economia povera mirante alla sola sussistenza, sono tutte concause del mancato o insufficiente percorso verso la nascita delle città.

La Sardegna ha rappresentato un caso emblematico di tutte le difficoltà frapposte a quel processo di aggregazione civile, economica, politica che hanno impedito il sorgere di estesi centri abitati per opera delle popolazioni indigene. Occorre giungere all'XI – X sec. a. C. per assistere all'affiancamento di ulteriori costruzioni coniche al più antico nuraghe monotorre e tale complessità architettonica darà vita a un vero e proprio castello nuragico, completo di una cinta muraria a difesa delle complesse costruzioni (Barumini, Orroli, Torralba, Abbasanta ed altri). Al di fuori della fortezza principale sorgevano le abitazioni del vllaggio, ma che tale rimase senza che arrivasse a raggiungere le dimensioni di una città.

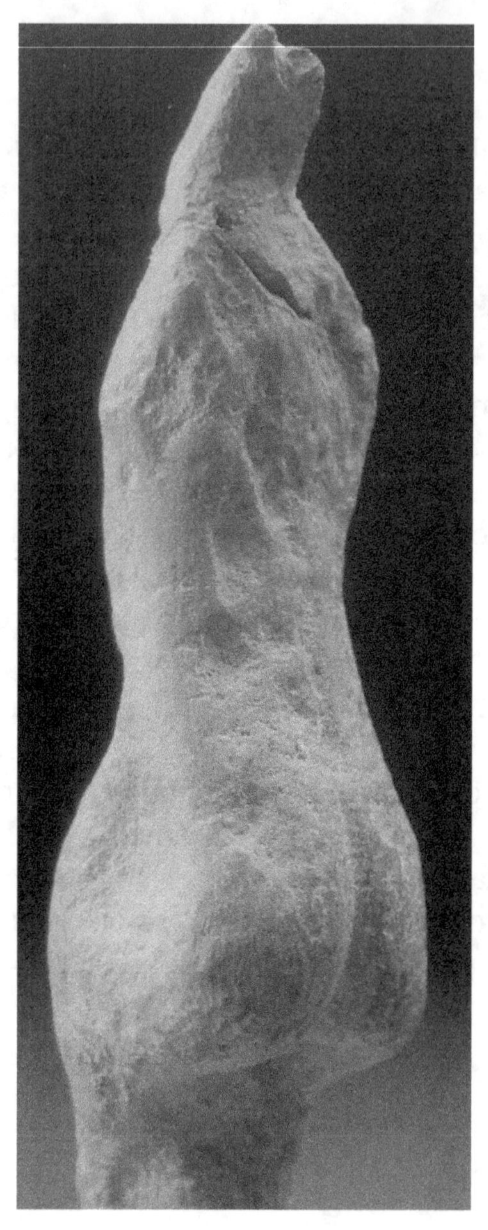

Neolitico in Sardegna – L'età prenuragica

Millecinquecento anni, è la presunta durata di quella che si definisce *età nuragica*, con le sue, talvolta imponenti, costruzioni che punteggiano ogni remoto angolo dell'Isola che difficilmente riusciamo ad immaginare orfana di queste torri: il ruolo che i nuraghi hanno sempre ricoperto come simbolo stesso della Sardegna ha, per un lunghissimo tempo, fatto coincidere la civiltà nuragica con la civiltà dei sardi.

Non è difficile accettare l'idea che il periodo nuragico abbia costituito un periodo esaltante nella storia della Sardegna, che resterà, sotto molti punti di vista, assolutamente unico.

Per abbozzare un quadro cronologico, si può ipotizzare una durata tra i 13 e 15 secoli (1800 – 300 a.C.), con il solo scopo di fornire un riferimento soprattutto didattico. Ma non dobbiamo dimenticare che ogni epoca storica è in primo luogo prosecuzione, modificazione e spesso perfezionamento del livello precedente di conoscenze. L'archeologia ha messo a disposizione (grazie anche alle moderne tecnologie e strumenti d'indagine) la chiave di lettura dei periodi precedenti e in essi ha individuato i presupposti che hanno consentito alle popolazioni nuragiche di avviare e consolidare il loro legittimo ruolo nella storia della civiltà mediterranea.

Ecco un breve excursus delle età (che vengono denominate *Culture*) che hanno preceduto quella nuragica.

L'orizzonte temporale entro il quale le conoscenze archeologiche evidenziano dei riscontri più che attendibili va spostato indietro di ulteriori 2500 anni.

Arriviamo alla parte mediana del neolitico (4300 anni a.C. circa) per ritrovare la cultura di *Bonu Ighinu* (o *Bonuighinu*) ; seguirà, dopo un millennio circa, la cultura di *Ozieri* o *San Michele*; il periodo compreso tra il 2500 e il 1800 a.C. vedrà lo sviluppo delle culture di *Filigosa* e *Abealzu*. Nel periodo corrispondente all'età del rame (Eneolitico o calcolitico) si svilupperà la cultura di *Monte Claro* e successivamente (1800-1700 a.C.) la cultura di *Bonnanaro* si affiancherà alla fase iniziale dell'età nuragica.

Se non si vuole, però, incorrere in un eccessivo Schematismo torna utile ricordare che si deve far riferimento ai dati peculiari delle varie successioni culturali (in primo luogo le caratteristiche dei manufatti e delle costruzioni) senza escludere né le sovrapposizioni delle tecniche né la continuazione e modificazione delle culture precedenti.

I venticinque secoli durante i quali si sono manifestate le culture (architettura e materiali delle costruzioni, usanze funerarie e religiose, manifatture delle ceramiche, modi di produzione) anteriori all'età nuragica sono individuati dai nomi delle località in cui sono stati ritrovati dei reperti archeologici particolarmente significativi ed evidenzianti delle caratteristiche poi riscontrate anche in altri siti coevi.

Numerosi manufatti (di pietra o ceramica) risalenti alle predette culture sono attualmente esposti nei vari musei sardi, compresi quelli comunali. La raccolta più numerosa delle ceramiche pre-nuragiche si trova esposta nelle sale del Museo Archeologico Nazionale di Cagliari.

La cultura di Bonu Ighinu, così chiamata in quanto nell'omonina località del Comune di Mara (SS) sono stati rinvenuti, negli anni '70 del secolo scorso (all'interno della grotta *Sa ucca de su tintirriolu*), reperti archeologici attribuiti al periodo del Neolitico medio (circa 4500-3300 a.C.).

L'utilizzo di piccole grotte naturali come sepolture (due le località che hanno consentito lo studio delle pratiche funerarie: Cuccuru s'Arriu di Cabras e una grotta a Oliena), primi segnali di agricoltura, fabbricazione della ceramica con accurata cottura e superficie lucida nera o comunque scura, ciotole spigolose e vasi dall'ampia apertura sono i segni distintivi di questo periodo. Particolare attenzione veniva dedicata alla decorazione delle ceramiche (a fresco o dopo la cottura) consistente nella minuziosa incisione di puntini o piccoli segmenti. Di notevole bellezza anche le statuine ricavate da tufo, alabastro o arenaria e che riproducono figure femminili piuttosto obese. Gli esemplari rinvenuti finora di questi piccoli idoli (alti mediamente una decina di centimetri) sono circa una ventina.

La cultura di Bonu Ighinu si diffuse poi in varie altre località: Cagliari, Iglesias, Carbonia, Thiesi, Olbia, Cabras, Decimoputzu, Samassi, Alghero, Ploaghe, Perfugas. La durata della cultura di Bonu Ighinu si è presumibilmente protratta per oltre un millennio.

La cultura di Ozieri o di San Michele prende il nome dalla grotta nei pressi di Ozieri dove vennero scoperti alcuni reperti archeologici con originali caratteristiche. La sua durata si estende nel periodo compreso tra il 3200 e il 2800 a.C. Si tratta della cultura prenuragica maggiormente diffusa in Sardegna e nel cui ambito si collocano un centinaio di località. Non si può tracciare un solco netto fra la cultura di Bonu Ighinu e quella di Ozieri, in quanto la seconda presenta delle caratteristiche riscontrabili nella precedente e di questa, per certi versi, ne costituisce una evoluzione.

Dai riscontri antropologici si è giunti alla conclusione che nel periodo interessato dalla diffusione della cultura San Michele, la Sardegna abbia accolto nuove popolazioni e che queste siano state   portatrici di quelle novità (ceramica, abitazioni, pratiche funerarie) che hanno costituito i capisaldi del cambiamento intervenuto.

Notevole fu il miglioramento delle abitazioni che videro il passaggio dall'utilizzo di ripari sotto roccia (diffusamente utilizzati dalle popolazioni di cultura Bonuighinu) alle capanne raggruppate in villaggi di una certa estensione (San Gemiliano di Sestu, Cuccuru s'Arriu di Cabras) dove sono state individuate le tracce delle basi in pietra delle capanne. Di altri villaggi se ne può dedurre l'esistenza (pur in assenza di tracce) nelle vicinanze di estese necropoli: Anghelu Ruju nei pressi di Alghero, Montessu nel territorio di Villaperuccio.

La particolare attenzione delle popolazioni di cultura Ozieri-San Michele per il culto dei morti è evidenziato dalle tombe ipogeiche (*domus de janas*), scavate nelle rocce tenere di tufo o calcare, nelle rocce di trachite e in pochissimi casi nelle rocce di granito.

In numerose località le domus de janas sono dislocate in prossimità l'una dell'altra sì da formare delle vere necropoli.

La distribuzione di queste tombe ipogeiche è la risultante dello strato roccioso nelle varie regioni dell'Isola e ciò giustifica l'elevata presenza in certe zone piuttosto che in altre. La Gallura, che è caratterizzata dalla massiccia presenza di rocce granitiche, presenta una densità di gran lunga inferiore, ad esempio, alla zona del sassarese.

Numerose tombe ipogeiche presentano le

volte e le pareti impreziosite da incisioni che riproducono gli ambienti domestici, con dettagli delle travature di legname delle abitazioni; altre decorazioni riproducono teste taurine e spirali, false porte, ecc.

Complessivamente le domus de janas superano le duemila unità. Può essere utile, a questo punto, riportare una elencazione delle necropoli più importanti:

Anghelu Ruju (una quarantina di domus) nei pressi di Alghero sulla S.P. 42;

Montessu (una trentina di domus) in prossimità della S.P. 80 tra i comuni di Villaperuccio e Narcao;

Sant'Andrea Priu (una ventina di tombe), a circa 10 km. da Bonorva nei pressi della S.P. 43, dove, tra l'altro, si può ammirare la Tomba del capo con una superficie di oltre 200 metri e 18 vani;

Su Crucifissu Mannu (15 tombe), a 5 km. da Porto Torres nei pressi della SS 131;

Sas Concas (una ventina di tombe) nel territorio di Oniferi (NU) SS 128 e SS 131;

Monte Siseri (studiata nel 1989), a 10 km. circa da Putifigari (SS) nei pressi della S.P. 12: giustamente famosa la Tomba de s'Incantu.

Numerose necropoli sono state utilizzate non solo nel periodo San Michele, nel quale sono state scavate, ma anche nei periodi successivi, come risulta da numerosi reperti rinvenuti e appartenenti al periodo Ozieri-San Michele, a quello Monte Claro e, in alcuni casi, anche all'età nuragica. Nel caso della Tomba del Capo (necropoli di Sant'Andrea Priu) l'utilizzo come chiesa rupestre si è protratto sino al periodo bizantino (500-600 d. C.).

Alla cultura di San Michele, si attribuisce anche l'iniziale utilizzo dei menhir (monoliti che possono superare i 5 metri di altezza) conficcati nel terreno per segnalare o delimitare necropoli, villaggi, dolmen.

La località che presenta la maggiore concentrazione dei menhir (o perdas longas) è Goni (NU), dove si trovano (in località Pranu Mutteddu) oltre 50 esemplari.

Nel periodo che si estende dal 2500 al 1800 a.C. circa (età del rame) si sviluppano in Sardegna la cultura di Filigosa , quella di Abealzu e la cultura di Monte Claro.

La cultura di Filigosa prende il nome dalla omonima località (nei pressi di Macomer – NU) dove sorge una necropoli, ai piedi della collina nella cui sommità si erge il nuraghe Ruju. Filigosa non si discosta molto dalla precedente cultura Ozieri-San Michele: entrambe si sovrappongono in alcune località, compreso il maestoso altare terrazzato di Monte d'Accoddi.

Rispetto alle tipologie caratterizzanti il precedente periodo Ozieri-San Michele, la cultura Filigosa evidenzia delle specificità derivanti dall'influenza esercitata dallo stile (facies) del vaso campaniforme, che all'epoca pare sia penetrato anche nell'Isola.

Alle tombe ipogeiche del periodo Filigosa, si accede in qualche caso attraverso dei corridoi (dromos); durante questo periodo (sia Filigosa che Abealzu) si fabbricano oggetti (punte di frecce, pugnali) sia utilizzando l'ossidiana che il rame e il piombo; si costruiscono villaggi con capanne e si innalzano muri a difesa dell'insediamento.

La cultura di Abealzu (località nei pressi di Osilo SS) pur essendo distinta da quella di Filigosa almeno per quanto riguarda la posizione stratigrafica dei manufatti, si sovrappone alla precedente e anche alla più remota cultura di Ozieri- San Michele. Le tombe Abealzu   sono spesso riutilizzi degli ipogei funerari precedenti; reperti attribuiti a tale cultura sono stati rinvenuti, oltre che a Osilo, anche ad Alghero, Benetutti e ancora nel tempio a piramide tronca di Monte d'Accoddi.

Seguono   poi la Culture di Monte Claro e quella di Bonnanaro , i cui inizi si possono collocare, la prima attorno al 2.300 a.C. e la seconda al 1700 a.C.: ci troviamo nel periodo che sfocerà in quello nuragico e che vede il diffondersi sia dell'uso del rame che (successivamente) quello del bronzo.

La cultura di Monte Claro è così chiamata in quanto nella collina eponima che sorge nel centro abitato di Cagliari venne alla luce una tomba ipogeica durante gli scavi del 1905 per la costruzione di Villa Clara, l'ospedale psichiatrico. Sono una decina le località che hanno conservato le tracce di questa cultura, tra i siti più interessanti si ricordano Sestu (il villaggio di San Gemiliano), e inoltre Monastir, Mogoro, Cabras, Simaxis. Si attribuiscono a questa cultura, oltre ad alcuni villaggi e necropoli ipogeiche, anche resti di costruzioni megalitiche. Nel museo archeologico di Cagliari sono conservate numerose interessanti ceramiche rinvenute nell'ipogeo di Monte Claro, in località "Sa Duchessa" , in via Basilicata (sempre a Cagliari), a Sestu e Monastir.

Cultura di Bonnanaro: attorno alla fine del 1800 nel comune di Bonnanaro, in località "Corona Moltana", fu rinvenuta una tomba con il corredo funebre costituito da una ventina di vasi, difformi rispetto a quelli attribuiti alla cultura di Monte Claro (sebbene risalenti all'incirca allo stesso periodo) e maggiormente affini ai caratteri che contraddistinguono la cultura del Vaso Campaniforme. Alcuni di questi vasi (la metà circa) sono custoditi presso il Museo di Cagliari e i restanti reperti sono esposti nel Museo di Sassari.

Testimonianze (reperti ceramici trovati quasi

esclusivamente in tombe e grotte naturali) riferibili alla cultura di Bonnanaro sono state rinvenute in altre località sparse in diverse zone dell'Isola. Il periodo di Bonnanaro è caratterizzato altresì dai nuraghi a corridoio, di cui si contano oltre un centinaio di esemplari.

Le due culture summenzionate che hanno preceduto la nascita della grande epopea nuragica si sono naturalmente estese per diversi secoli, anticipando, con la costruzione di muraglie e recinti megalitici, quella che diverrà la tecnica costruttiva delle torri nuragiche nei secoli successivi.

Attorno alla metà del II millennio a. C., il Mediterraneo occidentale, Sardegna compresa, venne interessato da un imponente fenomeno di espansione delle popolazioni provenienti dal Vicino Oriente. Stando alle più accreditate ricostruzioni fatte finora, gruppi umani orientali abbandonarono i loro territori spinti forse dalla febbre dei metalli o da eventi bellici tipo invasioni di altri popoli provenienti o dal nord o dall'est asiatico o in seguito a catastrofi naturali (terremoti o siccità prolungata vengono additati come probabili cause).

Le motivazioni sottostanti questi imponenti movimenti di diverse popolazioni sono di difficile interpretazione, ma resta sempre valido lo scopo commerciale o la ricerca di nuovi territori da colonizzare. La conseguente diffusione culturale appare scontata.

I Micenei in un primo momento e i Fenici successivamente sono stati assidui frequentatori degli approdi lungo le accessibili coste della Sardegna meridionale (nel tratto che va dal golfo di Cagliari a quello di Oristano), spinti forse dalla necessità di sfruttare le risorse naturali e di incrementare i loro scambi commerciali. Inevitabile la conseguente propagazione dei relativi impulsi culturali. Diffusione commerciale e culturale che potrebbe avere interessato le zone costiere mediterranee dell'Europa occidentale tutta, con un traffico così organizzato e vasto da far pensare a una vera e propria egemonia economica.

Con riferimento ai contatti tra i Micenei e l'Isola una prova di tali rapporti è il ritrovamento di perline di pasta vitrea e cocci di ceramica smaltata ritrovati nella tomba dei giganti ubicata in località San Cosimo (Gonnosfanadiga); un altro frammento di statua a Decimoputzu ha confermato queste frequentazioni. Reperti ancora più numerosi e importanti che testimoniano la presenza micenea sono stati ritrovati recentemente nel territorio di Sarroch (fortezza nuragica di Antigori).

Sono numerosi i lingotti di rame (a forma di pelle di bue) di tipo cipriota o cretese rinvenuti in varie località (importati o da esportare?); in conclusione i rapporti commerciali fra la Sardegna e i popoli del mediterraneo orientale sembrano ampiamente confermati già attorno al XII secolo a.C.

Monte d'Accoddi

Durante il periodo che vide il diffondersi della Cultura di San Michele, parecchi secoli prima che avesse inizio l'età nuragica, le popolazioni insediatesi nella parte settentrionale della Sardegna frequentavano assiduamente un edificio sacro, che sorgeva sulla sommità di una collinetta, Monte d'Accoddi, nella piana della Nurra a nord di Sassari. Gli scavi effettuati negli anni '50 del secolo scorso, hanno accertato l'epoca della costruzione più antica (seconda metà del IV millennio) e quella della piramide tronca sovrapposta alla precedente (metà del III millennio): dunque un luogo sacro frequentato dalle popolazioni proto nuragiche appartenenti alla cultura San Michele e a quelle Abealzu - Filigosa

Sulla sommità del grandioso edificio a forma di ziqqurat è probabile che esistesse una sorta di altare dedicato alla divinità (*Dea madre*?) cui venivano dedicati periodicamente dei riti propiziatori che, considerata l'epoca, con molta probabilità erano accompagnati da sacrifici di animali, senza che si possano escludere anche i sacrifici umani.

L'edificio presenta delle misure piuttosto

singolari e imponenti: la base misura 38 metri per 32: l'altezza della struttura è di oltre 8 metri; la rampa di accesso alla sommità è lunga 42 metri e larga da 7 a 14 metri.

Si è di fronte indubbiamente a un edificio le cui dimensioni conducono alla conclusione che si trattava di un tempio sacro, utilizzato per funzioni e riti assolutamente importanti, e frequentato da numerose comunità stanziate sull'intero territorio dell'Isola.

"Se infine l'interpretazione del grande edificio di Monte d'Accoddi come un grande altare a terrazza è – come pare – degna di essere accolta, viene da considerare anche che, mentre i normali culti relativi alle tombe sono da ritenersi a carattere familiare o di clan, qui ci troveremmo di fronte, invece, a un culto di ben più ampia portata, interessante forse, data la sua grandiosità e la sua unicità, tutti gli individui delle varie tribù appartenenti alla cultura di Filigosa e poi a quella di Abealzu, situate in varie parti dell'Isola" (Ercole Contu - La Sardegna preistorica e nuragica – Carlo Delfino Editore - vol. I pag. 296).

L'età Nuragica

Può tornare utile un quadro sinottico dell'epoca nuragica che si è soliti suddividere in quattro fasi: la fase arcaica (1800-1600 a.C.), il nuragico medio (1600-850 a.C), il tardo nuragico (850-550 a.C.) e il nuragico finale(550-238 a. C.).

Si tratta di una ripartizione che ha l'obiettivo d'individuare le fasi e i cambiamenti più significativi verificatisi durante questo esaltante periodo della storia della Sardegna che si estese per circa 15 secoli, abbracciando sia l' Età del bronzo che la parte iniziale dell'Età del ferro, naturalmente nella cronologia riferita alla lavorazione e all'utilizzo di questi due metalli in Sardegna.

Il periodo interessato dalla prima fase dell'età nuragica, quella arcaica, coincide con la durata, all'incirca, della cultura del vaso campaniforme in Sardegna. E' opportuno ricordare comunque che la diffusione di uno stile o tecnica (relativi ad esempio alla fabbricazione della ceramica) ha fatto registrare per la nostra Isola periodi difformi rispetto ad altre parti dell'Europa, accumulando anche diversi secoli di ritardo, imputabile, vale la pena di sottolinearlo, ai contatti tutt'altro che frequenti con le popolazioni del Continente europeo.

Il periodo del nuragico medio (esteso per oltre 700 anni) è contrassegnato dalla costruzione di nuraghi sia semplici (inizialmente) che complessi (nella fase finale), di tombe megalitiche, di capanne circolari, pozzi sacri e ceramiche incise a pettine. Sono ascrivibili a questo periodo anche importazioni di ceramiche micenee. Attorno alla fase finale del nuragico medio (IX secolo) si fanno risalire i primi approdi di genti fenicie.

Il tardo nuragico (850-550 a. C.) coincide con il periodo nel quale si colloca l'affermazione di élites aristocratiche (bronzetti di guerrieri e nuraghi complessi) termina all'incirca con gli sbarchi e la successiva invasione da parte dei cartaginesi.

La fase finale (o di sopravvivenza) termina con l'occupazione della Sardegna da parte di Roma (nel 238 a.C.), che finalmente riuscì a concretizzare il suo disegno di annessione dell'Isola in seguito alla vittoriosa prima guerra punica (264 – 241 a.C.) e sfruttando l'appoggio ricevuto dai mercenari cartaginesi ribelli, di stanza in Sardegna.

Abbiamo citato la cultura di Bonnanaro

accennando alla edificazione in diverse aree della Sardegna dei protonuraghi, cioè costruzioni a mezzo di grandi massi (con squadrature abbozzate rozzamente) sovrapposti, a formare dei corridoi. Tale tecnica costruttiva si modificò nel tempo sfociando nell'edificazione dei primi nuraghi propriamente detti, cioè quelle costruzioni di una torre troncoconica (con altezza notevole considerando i tempi e che superava talvolta i 20 metri), con il solo utilizzo di pietre senza fare uso di malta. Con il tempo si perfezionò la copertura della volta utilizzando massi in sostituzione del legname (e frasche) utilizzato nei primi nuraghi; si parla in questo caso di nuraghi con copertura a tholos, cioè a falsa cupola.

Uno degli aspetti che maggiormente colpisce anche il più distratto dei visitatori è l'ininterrotta presenza dei nuraghi che punteggiano il paesaggio, soprattutto quello dell'interno. Da nord a sud dell'Isola il nuraghe è lì, quasi un elemento naturale, si trova lì da sempre e da sempre ha sollevato interrogativi, ancora senza una risposta certa.

Ma sia la preistoria che la storia priva di documentazione scritta, sebbene possa essere letta da un'archeologia scientifica, non si lascia facilmente interpretare in modo esaustivo. Impossibile individuare le scelte e le motivazioni che hanno spinto quelle antiche genti a compiere azioni che oggi possono apparire prive di razionali spiegazioni. Una visita, anche se limitata a uno solo dei nuraghi tra i più imponenti, non farà altro che aumentare i nostri dubbi e perplessità. Resteremo sbalorditi dalla grandiosità di queste costruzioni che si possono definire ciclopiche. Poi visitate il cortile interno e non vi sfuggirà che lo spazio utilizzabile è talmente ristretto che verrà spontaneo chiedersi: ma tutto quel lavoro per avere un ambiente così angusto? Così buio? Così freddo?

A meno che … E a questo punto le ipotesi si contano a decine, alcune decisamente fantasiose, senza che si sia raggiunto alcun accordo tra gli addetti ai lavori. Quelle imponenti costruzioni assolvevano allo scopo di difendere gli abitatori dagli assalti di nemici confinanti o da eventuali assalitori provenienti da terre lontane?

Si parla di regge nuragiche, si pensa ai nuraghi come palazzi residenziali o per difesa, si pensa a costruzioni adibite a tombe, a luoghi di culto… Ma il

periodo nuragico ha abbracciato un arco di tempo
così ampio che l'utilizzo di una costruzione talmente
imponente e solida può aver avuto diverse
destinazioni, dal momento che lungo i secoli saranno
certamente cambiate le esigenze in seguito a
nuove situazioni politiche, economiche, religiose.

Il Palazzo come costruzione che accentra al suo
interno il potere economico, militare e religioso, ha
avuto significativi riscontri sicuramente durante il
periodo d'oro dell'età nuragica. Anche se durante
quei tre, quattro secoli di supremazia e di guida
politica e militare delle famiglie aristocratiche (cui
appartenevano, quasi certamente, i guerrieri)
residenti nei più importanti ed estesi
centri nuragici (Orroli, Barumini. Abbasanta,
Torralba) una vera e propria organizzazione
cittadina non è mai sorta. Il villaggio nuragico, se
consideriamo la limitata estensione confermata dagli
scavi, nella maggior parte dei casi si fermò al
livello di puro supporto alle esigenze della
famiglia dominante e rimase luogo di aggregazione
limitatamente al clan familiare o, tutt'al più, alla
tribù.

Difficile pensare che una frammentarietà così

generalizzata potesse essere accorpata in entità omogenee e coese. L'inevitabile conseguenza fu l'impossibile nascita di organizzazioni assimilabili alle città stato. Si può pensare al tentativo, da parte dei gruppi familiari più potenti, di organizzare una sorta di federazione per prevenire o dirimere le inevitabili contese, sicuramente derivanti dall'utilizzo e sfruttamento dei territori confinanti.

Anche i furti di bestiame potevano costituire motivo valido per intraprendere scaramucce, incursioni, razzie, vendette, ritorsioni: tutte attività belliche ampiamente diffuse, immaginiamo.

C'è da supporre, comunque, che qualsiasi tentativo di aggregazione cantonale non può che aver avuto qualche risultato limitato e sporadico.

Questa frammentazione endemica non poteva che agevolare i popoli meglio organizzati politicamente e militarmente che, spinti dall'esigenza di proteggere e incentivare i loro commerci, intrapresero una graduale ma decisa azione di conquista della Sardegna.

I Bronzetti. Notevole e di elevata fattura, fu la produzione dei famosissimi bronzetti (la cui datazione viene collocata tra il IX e il VI sec. a.C.):

oltre 300 esemplari si possono ammirare nei musei archeologici di Cagliari e Sassari. Essi costituiscono una incredibile   raccolta di opere d'arte (soprattutto quelli risalenti al periodo d'oro della civiltà nuragica e che raffigurano eroi, guerrieri e capitribù) e sono ormai conosciuti in tutto il mondo. I bronzetti più recenti   rispecchiano   la classe   sociale   più modesta dei committenti e raffigurano vere e proprie   scene di vita quotidiana.
I bronzetti sono oltremodo importanti come documentazione   storica   in   assenza di qualunque traccia scritta, evidente   conseguenza di una civiltà agropastorale,   lontanissima dall'organizzazione cittadina, e soprattutto appena sfiorata dalle grandi correnti di civiltà (nel senso classico del termine) sviluppatesi nel bacino orientale del Mediterraneo.

I bronzetti maggiormente conosciuti sono esposti nel Museo Archeologico di Cagliari e fra essi ricordiamo (tra   parentesi   la   località   di rinvenimento dei reperti):

Il capotribù; Madre con figlio; *Arciere* (Santa Vittoria di Serri);

Guerriero con 4 occhi, 4 braccia e doppio scudo; *I due arcieri*; *I due guerrieri* affiancati che impugnano la spada (Santuario nuragico di Abini – Teti);

Barchette votive (Bultei);

Guerriero con scudo e spada;*Capotribù con mantello*, spada e bastone; *I due lottatori* (Uta);

La madre dell'ucciso (Olbia);

Il suonatore itifallico (Ittiri).

La società.
Appare un'impresa ardua quella di enfatizzare le capacità delle popolazioni nuragiche per l'organizzazione e la pratica commerciale all'interno e, a maggior ragione, verso l'esterno della Sardegna. Alcuni reperti rinvenuti in siti nuragici sicuramente provenienti da altre regioni mediterranee o, viceversa, aver rintracciato in altre territori continentali esemplari dell'artigianato nuragico (ad esempio, bronzetti) potrebbe non essere sufficiente per avallare ipotesi che collocherebbero la Sardegna

al centro di intensi traffici marittimi nel periodo compreso tra la fine del II millennio e la prima metà del I millennio, coincidente con il massimo sviluppo dell'età nuragica.

L'epoca nella quale si è sviluppata la Civiltà nuragica (tralasciando il tardo nuragico e il nuragico di pura sopravvivenza) è stata per le popolazioni nuragiche soprattutto un'epoca di economia di pura sussistenza, di baratto locale o, tutt'al più, di una economia di scambio di doni anche con altre genti esterne che necessariamente dovevano servirsi degli approdi sardi come scali tecnici nei loro lunghi viaggi lungo le rotte del Mediterraneo orientale.

Alcune ipotesi fantasiose collocano le popolazioni nuragiche in un ambito economico prevalentemente *marittimo e commerciale*, tralasciando un particolare non di poco conto. Accertato che la popolazione dell'epoca in Sardegna era distribuita in numerosissimi villaggi (sorti a ridosso dei nuraghi) come si poteva organizzare una rete commerciale adatta agli scambi con le altre popolazioni mediterranee fuori dell'Isola, prescindendo da centri sufficientemente popolati e organizzati?

Sintetizzando: solo le civiltà che hanno avuto un percorso di *civiltà urbana* (con la costruzione di città) hanno trasformato le loro economie da agricole (compreso l'allevamento) in economie a prevalente vocazione commerciale.

Le attività economiche esercitate dalle genti nuragiche (lungo i secoli di questa comunque grande *Civiltà*) sono state prevalentemente orientate verso la pastorizia e le attività derivate, come ad esempio le attività artigianali di tessitura della lana (in aggiunta all'utilizzo del lino) e della concia delle pelli. L'agricoltura faceva parte anch'essa dell'economia di quell'epoca, senza dubbio alcuno; la pesca rivierasca, fluviale e quella negli stagni avrà affiancato la caccia; come notevole peso avrà avuto anche la raccolta dei frutti spontanei e delle erbe.

Se le ridotte dimensioni dei villaggi e la quasi certa azione di contrasto nei confronti dei vicini per l'utilizzo dei pascoli, sono state cause d'impedimento al sorgere di una civiltà cittadina, ad esse va aggiunto anche la mancanza di una vera e propria élite di potere che sola, forse, avrebbe potuto esercitare un ruolo essenziale di aggregazione più estesa e profonda.

Ma l'organizzazione della società (sebbene frammentata in molteplici centri autonomi) comunque, esisteva: come si spiega, altrimenti, un'opera così impegnativa nei tempi e nei mezzi utilizzati, che ha permesso l'edificazione dei nuraghi? E se una classe aristocratica e potente, fornita anche dei mezzi economici necessari, non ha utilizzato una base schiavistica o comunque sottomessa o salariata, come si spiegano tante ciclopiche costruzioni? Una società di villaggi e tribù uniti da una secolare accettazione generalizzata di identici riti religiosi? E basta?

Il culto dei morti (la santificazione degli antenati), sembrerebbe uno degli elementi unificatori della società pre-nuragica e nuragica che, sebbene sia rimasta per lunghissimi periodi ai margini della civiltà classica (priva di scrittura, di un'organizzazione cittadina e di una identità nazionale), ha comunque raggiunto lo stadio di una società sufficientemente organizzata che ha trovato nella religione, o meglio in un condiviso corpus di credenze e riti, una base solida che spesso è sfociata nella edificazione e poi nella duratura e regolare frequentazione di centri cultuali organizzati per periodici raduni e *funzioni religiose* (Santa Vittoria di Serri, numerosi Pozzi sacri, ecc.).

E' dunque ipotizzabile che le comunità nuragiche avessero intrapreso un lento cammino verso un'organizzazione più coesa anche per far fronte a chiari segnali d'invasione da parte di popolazioni meglio organizzate economicamente e militarmente. Poi, con l'arrivo delle Genti fenicie o comunque provenienti da quell'area del Vicino Oriente, il percorso verso una più solida organizzazione delle popolazioni indigene, sembra essersi bruscamente interrotto, dopo un primo periodo di apertura verso i nuovi arrivati. Resterà forse irrisolta la domanda se la civiltà fenicia (e poi punica) abbia o no interrotto un processo, per quanto lento, diretto al raggiungimento di una originale forma di civiltà cittadina che i nuragici forse stavano abbozzando.

Fenici e Cartaginesi

Non è agevole impostare l'esame dei primi insediamenti fenici in Sardegna in termini precisi di date. Torna utile, piuttosto, rilevare la presenza almeno dalla metà del IX secolo di alcuni centri sulla costa meridionale e sud occidentale destinati a notevole espansione.

Cominciamo da Nora a sud del golfo di Cagliari e la cui fondazione si può ricondurre alla necessità di poter disporre di un utilissimo e ben protetto scalo marittimo, in una posizione ideale e simile a quella di tutte o quasi tutte le colonie fenicie.

L'epoca di questo primo insediamento fenicio in Sardegna si ricava dalla famosa stele di Nora i cui caratteri hanno permesso un'attendibile datazione che si colloca appunto attorno all'850 a.C. La stele ricavata da una lastra di arenaria, ritrovata nel Capo di Pula, riporta un'iscrizione di otto righe nella terza delle quali, partendo da destra verso sinistra sono state individuate le lettere corrispondenti a SRDN, che risulta essere la più antica menzione del nome Sardegna. Tale preziosissimo reperto è ora esposto nel Museo Archeologico Nazionale di Cagliari.

Un'altra località frequentata dai navigatori fenici

come scalo lungo le rotte commerciali fu Sulci (o Sulky), l'attuale Sant'Antioco. Anche in questo caso venne individuato un approdo sicuro, nei pressi di uno stagno, la cui prossimità costituiva un'altra delle caratteristiche presenti nella scelta degli approdi fenici.

Le iscrizioni rinvenute a Sulci spostano la loro datazione a non prima dell' VIII secolo. Eccezionale importanza ha il *tophet* dove sono state rinvenute centinaia di urne e stele funerarie. Sulcis fu un centro fenicio che ebbe una primaria importanza sia per il controllo delle coste vicine, sia per l'entroterra. A tale scopo si procedette nella costruzione di piazzeforti, come quella edificata sul Monte Sirai, quattro chilometri distante dalla costa. Questo insediamento venne poi accresciuto e rinforzato successivamente dai cartaginesi, una volta sostituitisi ai colonizzatori fenici.

Terzo centro (solito approdo al riparo dai venti, sorto su un promontorio, quello di San Marco) è Tharros. I ritrovamenti di tombe e di un' imponente cinta muraria a difesa dall'entroterra portano alla conclusione che già dall'VIII-VII secolo a.C. i Fenici diedero l'avvio al loro stabile insediamento.

Altri centri di più recente fondazione sono Carali (Cagliari) e Bithia (nei pressi di Chia).

Per quanto riguarda Carali, resta ancora oggi visitabile, sebbene sia stata fatta oggetto nel passato di saccheggi e lunghi periodi di assoluto abbandono, la necropoli di Tuvixeddu (10 ettari circa, la sua estensione); altre tracce sono costituite dal ritrovamento di un'iscrizione nel Capo di Sant'Elia e rimane ben poco di una seconda necropoli che sorgeva nel colle di Bonaria. Altre eventuali resti dell'insediamento fenicio sono stati sicuramente cancellati dall'espansione urbanistica della città.

A San Sperate una necropoli fu individuata nel 1800 e in quel sito venne rinvenuta la famosa maschera ghignante databile attorno a V secolo, e tutt'ora esposta nel Museo Archeologico di Cagliari.

Le città fenicie erano dunque dislocate lungo la fascia costiera meridionale e sud occidentale dell'Isola e non poteva essere diversamente, considerata la secolare vocazione delle popolazioni fenicie agli scambi commerciali, soprattutto quelli marittimi. Lo scambio di merci prodotte dagli abili artigiani fenici con i prodotti dell'allevamento delle popolazioni nuragiche e, forse, con i metalli (rame?) e altri minerali   era stato l'obiettivo principale dell' occupazione del suolo sardo.

Il commercio unito alle necessarie attività artigianali che trovavano spazio all'interno delle città costituiva la base dell'economia fenicia. Inevitabili anche i tentativi di penetrazione fenicia nelle zone interne, o perlomeno distanti dai centri rivieraschi, ma sempre senza evidenti obiettivi di conquista militare.

Col passare del tempo la presenza fenicia si estese su tutto quel lunghissimo tratto costiero che dal golfo di Cagliari arriva oltre il golfo di Oristano, sulla cui estremità a nord, nel capo San Marco, venne fondata Tharros; la zona d'influenza commerciale comprendeva comunque anche buona parte del Campidano.

La parte centrale e orientale della Sardegna restava invece una zona sotto il controllo nuragico che attorno al V secolo a.C. stava attraversando una fase di declino cui seguirà il conseguente, inevitabile ripiegamento verso le zone montuose interne.

In quello stesso periodo le città fenicie sorte in Sardegna,   erano diventate autonome dalla madrepatria che, da parte sua, si vide costretta ad allentare i rapporti con i lontani coloni in quanto altri problemi stavano sorgendo; le popolazioni stanziate nei territori alle sue spalle (popoli assiri), premevano e si espandevano in cerca di nuove terre da occupare. Se proviamo a sintetizzare il significato dell'occupazione fenicia, si può affermare che l'attività commerciale che seguì alla presenza in Sardegna di quel popolo particolarmente audace, intraprendente e attivo venne accettata dalle popolazioni nuragiche senza eccessive resistenze.

Fu una pacifica e opportuna condivisione di una attività poco praticata dalle genti sarde, che da essa trassero esclusivamente i marginali vantaggi derivanti dagli scambi dei prodotti, senza peraltro abbandonare la propria collaudata forma di un' economia rurale e diretta all'autosufficienza. Il modello organizzativo delle città fenicie sorte nell'isola non innescò un analogo processo di aggregazione economica e politica fra le comunità indigene. I nuragici, infatti, continuarono ad abitare in semplici capanne a ridosso dei nuraghi; non adottarono la scrittura; non estesero, adattandoli, i modell di organizzazione delle città fenicie ai loro villaggi: l'età nuragica perdurò immutata ancora per qualche secolo sino alla sua lenta, totale estinzione.

Le popolazioni sarde vennero a conoscenza di nuove forme di aggregazione sociale, nuove forme di economia e di artigianato, ma non ne furono conquistati; continuarono a preferire un orgoglioso e indipendente stile di vita, eccessivamente legato alle tradizioni e conseguentemente restio ai cambiamenti.

Un'altra realtà politico-economica stava intanto aumentando considerevolmente il suo potere.

Cartagine (dal fenicio *Qart-Hadasht*, in greco *Karchedòn* e in latino *Carthago*) , sorta sulla costa nord africana a circa 20 chilometri dall'attuale Tunisi, dopo circa due secoli dalla sua fondazione ad opera anch'essa di popolazioni fenicie, aveva ormai assunto un ruolo egemonico nello scacchiere del Mediterraneo occidentale. Le popolazioni relativamente vicine, di etnia berbera, vennero col tempo assorbite dall'espansionismo cartaginese e passarono sotto il suo totale controllo.

Le mire espansionistiche di Cartagine sfociarono nell'occupazione di buona parte della Sardegna contemporaneamente alla crisi che colpì le attività commerciali fenicie, in parte imputabile alla presenza sempre più estesa dei greci nel bacino occidentale del Mediterraneo.

Le stesse città-stato fenicie esistenti nell'Isola sollecitarono una presenza più attiva di Cartagine, in seguito all'indebolimento delle città (Tiro, Byblos, Sidone) e comunità fenicie dell'area siro-libanese e alla conseguente cessazione di ogni residuo contatto con la lontana e indebolita madrepatria.

Cartagine intervenne, in un primo tempo, a difesa delle città e, successivamente, trasformò questa presenza in una vera e propria occupazione militare; il suo ruolo di città-stato era ormai ritenuto indispensabile e quindi accettato dalle città fenicie esistenti in Sardegna minacciate dall'espansione della potenza greca nel Mediterraneo occidentale.

Indispensabile si era rivelato anche il controllo delle popolazioni indigene sarde che davano segni d'insofferenza per il monopolio commerciale esercitato dalle città fenicie.

La prima spedizione cartaginese (540 a.C.), guidata dal comandante Malco, motivata, come detto, dall'intervento diretto a soffocare la crescente ribellione dei sardi, si rivelò fallimentare per l'esercito punico che dovette ritirarsi in seguito alla decisa resistenza opposta dalle popolazioni locali. La fortezza di Monte Sirai, utilizzata dai cartaginesi, venne conquistata dai Sardi e gli invasori furono costretti al ritiro e al conseguente rimpatrio.

Il generale Malco, in seguito alla disfatta militare, venne destituito. Salì al potere Magone, vero fondatore dell'imperialismo cartaginese. Vent'anni dopo, i cartaginesi fecero un secondo tentativo d'invasione, stavolta riuscito, con un esercito guidato da Asdrubale e Amilcare (figli di Magone). Questa volta i Sardi, duramente sconfitti, si ritirarono nelle zone interne, abbandonando, tra l'altro, la fortezza nuragica di Barumini, che venne distrutta dall'esercito invasore.

Quella cartaginese si manifestò subito come un'occupazione militare molto più profonda ed estesa della precedente penetrazione commerciale fenicia.

Dopo la conquista, Cartagine mise in atto un piano di massiccio ripopolamento delle zone occupate deportando un elevato numero di genti nord africane (di etnia berbera) che vennero impiegate nella coltivazione del grano nell'estesa, in parte incolta, pianura del Campidano. Venne subito avviata una decisa operazione di disboscamento per favorire la monocoltura del frumento e fu fatto divieto assoluto di mettere a dimora degli alberi, con pene severissime per i trasgressori.

Un trattato politico-commerciale stipulato, nel 509 con Roma, riconobbe a Cartagine il diritto esclusivo del commercio con la Sardegna: l'Isola venne inserita quindi nel territorio metropolitano punico. L'occupazione cartaginese della Sardegna e il suo controllo furono sostanzialmente assicurati, se si escludono le zone più interne dove le popolazioni nuragiche continuavano fieramente l'opposizione al dominio punico.

Le città fenicie che prosperarono per alcuni secoli grazie al commercio e all'artigianato, vennero rinforzate militarmente dai cartaginesi unitamente a nuovi insediamenti; in quanto divenuta ormai una potenza navale di prim'ordine, Cartagine aveva la necessità di disporre di scali marittimi bene attrezzati e difesi.

Unitamente alla difesa costiera, fu organizzato anche un sistema di fortificazioni ai confini con i territori interni centro-orientali. Lo scopo era quello di difendere le zone agricole, soprattutto il Campidano, dalle frequenti incursioni delle mai domate popolazioni dell'interno che continuavano nelle loro scorrerie verso le ricche pianure.

Le opposizioni all'invasore cartaginese, col tempo si attenuarono e anche gli abitanti della zona interna (individuata dai successivi conquistatori romani col termine Barbagia) andavano assumendo una posizione meno bellicosa e maggiormente aperta ai contatti con le popolazioni insediate nelle zone costiere e in quelle agricole.

C'è da supporre che anche i cartaginesi pervennero alla conclusione che assoggettare in modo definitivo le popolazioni sarde resistenti costituiva impresa troppo ardua e che trovare una spartizione (più o meno esplicita) delle rispettive zone d'influenza, poteva costituire una praticabile e conveniente soluzione.

Troppo impervie le zone in cui trovarono rifugio i nuragici, troppo difficile far fronte con truppe regolari a una tattica di guerriglia che sicuramente i

Sardi non avevano alcuna difficoltà a praticare.

La nuova etnia originatasi dai contatti, dalla convivenza e miscuglio delle popolazioni fenicie orientali, autoctone e, a seguire, libiche e puniche africane la possiamo denominare sardo-punica.

Questo processo d'integrazione sfociò, va da sé, in una crescente collaborazione delle varie componenti che col tempo mise fine a quella iniziale e decisa opposizione verso i nuovi colonizzatori, permettendo anche alle popolazioni nuragiche di rientrare parzialmente in possesso delle zone tempo addietro abbandonate, per sfuggire alle truppe cartaginesi. L'integrazione fra le varie componenti etniche ebbe delle conseguenze significative anche sul piano religioso, tanto che alcune divinità del mondo fenicio-punico si sovrapposero a quelle indigene sfociando in culti unitari.

Esempio di questo sincretismo fu l'identificazione della divinità nuragica *Babay* con la divinità cartaginese *Sid*, al culto del quale fu dedicato il luogo sacro di Antas, che si trova in una profonda vallata nei pressi di Fluminimaggiore e che fu oggetto di scavi archeologici a partire dal 1967 sotto la guida del prof. Ferruccio Barreca.

Ciò che per lungo tempo costituì un luogo frequentato dalle popolazioni indigene per le funzioni religiose, venne adottato anche dai cartaginesi fin dall'epoca del loro insediamento nella zona mineraria dell'iglesiente. I punici edificarono un loro tempio dedicandolo al dio Sid.

Antas fu utilizzato anche in epoca romana. La sacralità del luogo venne messa in risalto dall'edificazione (tra la fine del I secolo a.C. e l'inizio dell'era cristiana) di un imponente tempio, che fu restaurato due secoli più tardi, per volere dell'imperatore Marco Aurelio Antonino (Caracalla) come ricorda l'iscrizione nell'architrave del frontone. Nei pressi del tempio fu ritrovata anche una targhetta metallica riportante la dedica al Sardus Pater (nome col quale i romani indicavano Babay-Sid): *Sardo Patri Alexander Aug ser regionarius D D.*

Durante la campagna di scavi degli anni '80 del secolo scorso, sono state rinvenute alcune tombe nuragiche a pozzo con relativi corredi funebri: un bronzetto raffigurante un personaggio armato di giavellotto, perline di pasta vitrea e altro ancora.

La presenza di perline di chiara fattura fenicia e il

bronzetto ispirato alla stessa corrente culturale semitica, evidenzia chiaramente i contatti intervenuti fra le popolazioni indigene e quelle fenicie, molto tempo prima dell'arrivo dei punici

Nell'area archeologica è stata rinvenuta una grande quantità di terrecotte, statuine, amuleti e monete, cui si aggiungono una ventina d'iscrizioni puniche. Il notevole numero di reperti che abbracciano un lunghissimo arco temporale durante il quale si sono alternati sardi, fenici, punici e romani, dimostra chiaramente che la zona mineraria dell'Iglesiente è stata per secoli, sin dall'antichità, sfruttata per la ricchezza del suo sottosuolo.

I giganti di Mont'e Prama

I grandi guerrieri scolpiti su blocchi di arenaria in un periodo attorno al VII secolo a.C., vennero alla luce per caso dopo due millenni e mezzo dalla loro collocazione in un'area adibita a necropoli nell'entroterra di Tharros.

Nel 1974 un contadino della zona, mentre dissodava il suo terreno con l'aratro, fece il primo casuale ritrovamento.

Per trent'anni i circa quattromila frammenti ritrovati in seguito ad alcune campagne di scavo, attesero di essere restaurati. Solo alcune delle statue, attorno al 1980 dopo il necessario restauro, vennero esposte in varie mostre.

Attualmente numerosi guerrieri sono visibili nel civico museo di Cabras e nel museo archeologico di Cagliari.

Il ritrovamento di questi giganti di pietra fa discutere gli archeologi sull'attribuzione di questa originale forma di statuaria, anche perché non esistono analoghi esempi attribuibili né al popolo nuragico né ai fenici.

L'area   nella quale sono venuti alla luce questi interessanti reperti era adibita a necropoli: sono state scavate   circa   una   trentina   di   tombe   a pozzetto, originariamente   coperte   da   grosse lastre di arenaria chiara, materiale analogo a quello utilizzato per scolpire le statue.

Secondo gli storici probabilmente siamo di fronte a un particolare tipo di necropoli in cui venivano glorificati gli appartenenti a uno o più clan dove i guerrieri ricoprivano un ruolo di primo piano.

Il periodo cui attribuire i Giganti è quello in cui si stavano consolidando i rapporti tra i fenici, insediati a Tharros, e le popolazioni nuragiche dislocate nel Sinis.

Naturalmente   i   misteri   dell'archeologia prediligono spesso i tempi lunghi per arrivare a una generalizzata e condivisa attribuzione e collocazione cronologica di reperti particolarmente originali, come nel caso di queste misteriose sculture di cui si conoscono   pochi   altri esempi   nell'area mediterranea.

La conquista romana

Come tutte le grandi potenze del passato, anche Cartagine si avvalse in maniera massiccia di truppe mercenarie che, periodicamente, organizzavano dei violenti ammutinamenti cui seguivano scorrerie, furti, saccheggi e uccisioni sia dei comandanti che tra le popolazioni civili dei territori occupati.

Attorno alla metà del III secolo, si ribellarono le truppe mercenarie di stanza in Sardegna che si abbandonarono inevitabilmente a delle azioni di una ferocia inaudita, tanto da provocare una ferma reazione da parte dei sardi e dei civili cartaginesi che riuscirono a tenere a bada i rivoltosi, costringendoli poi alla fuga in Italia dove offrirono il loro appoggio a Roma per la conquista della Sardegna.

Fu un pretesto che Roma aspettava da tempo per poter intervenire con le sue truppe e dare inizio alla campagna militare per l'invasione dell'Isola (238 a.C.).

Cartagine, com'era logico attendersi, non accettò di buon grado questo colpo di mano militare di Roma e tentò di organizzare una spedizione per riconquistare la Sardegna. Il tentativo rientrò presto in seguito alla minaccia di Roma di riprendere le ostilità e di dettare condizioni ancora più gravose di quelle applicate in seguito alla vittoria ottenuta sulla flotta cartaginese qualche anno prima nelle acque antistanti le isole Egadi. Termina così la dominazione cartaginese in Sardegna che, unitamente alla Corsica, diventa la prima provincia romana d'oltremare.

Alla conquista della Sardegna da parte di Roma, seguirono ulteriori tentativi di Cartagine di riprendersi la sua antica colonia, fomentando continue rivolte dei sardo-punici contro i nuovi dominatori.

La più nota di tali rivolte fu quella che nel 215 vide la ribellione capeggiata da Amsicora e da suo figlio Josto: la guerra ebbe termine con la disfatta dell'esercito sardo-punico nella battaglia di Cornus (territorio di Cuglieri) che pose fine alle vicende storiche della Sardegna punica.

Sotto il dominio romano, la Sardegna e i suoi abitanti, sempre più sardo-punici, continuarono a restare fedeli alle tradizioni (religione, organizzazione delle attività economiche, lingua, costumi) e allo stile di vita precedenti; in questo agevolati anche dalla decisione di Roma di non modificare la struttura amministrativa esistente all'epoca della dominazione cartaginese.

Questo attaccamento al passato fu decisamente più profondo e duraturo nelle zone costiere e in quelle di più antico insediamento fenicio, nelle quali i contatti e le unioni fra i vecchi e nuovi gruppi etnici favorirono un'integrazione molto profonda.

Resta il fatto che, anche a distanza di oltre un secolo dall'insediamento della potenza romana in Sardegna, i problemi di totale assoggettamento e controllo delle tribù barbaricine non vennero del tutto risolti. Vero è che i contingenti militari romani si installarono anche nelle zone limitrofe a quelle più calde, ma i *sardi pelliti* rimasero a lungo un problema, in un continuo alternarsi di lunghi periodi di relativa pacificazione con altri di più difficile gestione.

Segno evidente di questo continuo alternarsi di periodi di pace con altri piuttosto turbolenti, è documentato, tra l'altro, dal variare dell'autorità preposta all'amministrazione della Sardegna: ancora agli inizi del I secolo d. C., l'Isola passò da provincia senatoria a provincia imperiale considerata la situazione esistente che richiedeva decisi interventi militari per il ripristino della normalità.

Alla conquista della Sardegna, seguì una riforma agraria, almeno per ciò che riguardava lo status giuridico dei terreni agricoli che vennero dichiarati *Ager publicus populi romani*. Una parte consistente fu comunque lasciata ai vecchi proprietari latifondisti che vennero sottoposti a una tassazione pari alla decima parte dei prodotti raccolti.

La coltivazione del frumento il cui prodotto era prevalentemente diretto all'approvvigionamento di Roma, mantenne la caratteristica di monocoltura, come lo fu nel periodo della dominazione cartaginese.

Questa specializzazione influì negativamente sull'economia agricola poiché furono scoraggiate altre coltivazioni, favorendo nel contempo i latifondisti che utilizzavano lavoratori schiavi o in stato servile nelle loro estese proprietà.

In epoca imperiale, numerosi latifondi divennero proprietà personale degli imperatori o di membri della famiglia imperiale che dirottavano buona parte dei prodotti verso la capitale, destinando modeste quantità al mercato locale.

La romanizzazione della Sardegna si concretizzò in una serie di importanti lavori pubblici, in primo luogo con la costruzione di strade e ponti(alcuni ancora visibili) che attraversavano in lunghezza l'intero territorio provinciale, collegando le città costiere meridionali ai centri di Olbia e di Turris Libisonis (l'attuale Porto Torres). Vennero abbellite e ingrandite anche le antiche città di origine fenicia, fornendole di edifici pubblici, tra cui anfiteatri e terme i cui resti sono ancora visibili a Nora, Tharros, Cagliari, Fordongianus.

Altro segno della penetrazione romana, che con l'andare del tempo coinvolse l'intera Sardegna, comprese le zone interne che furono coinvolte molto tardivamente, rimane la lingua dei romani trasfusa in quella sarda, che ancora oggi evidenzia la radice latina.

Tramonto di Roma e invasione vandalica

L'annessione della Sardegna da parte di Roma era più che giustificata dalla necessità di approvvigionamenti continui di grano per sfamare sia la popolazione della capitale che gli eserciti impegnati su molteplici fronti di guerra e controllo dei territori.

La Sardegna, insieme alla Sicilia, aveva una lunga tradizione di coltivazione del frumento ancora di più rafforzata dalle esigenze alimentari che Cartagine aveva palesato nel lungo periodo della sua dominazione dell'Isola.

Un altro fattore che spinse Roma all'occupazione della Sardegna era rappresentato dalle città fondate dai fenici lungo la fascia costiera sarda e che costituivano delle prede ambite grazie alla loro posizione strategica a presidio dei traffici marittimi.

Una volta che l'impero romano imboccò il lungo cammino della crisi e del successivo declino, il ruolo strategico ed economico della Sardegna, soprattutto come base navale e granaio di Roma, tornò ad essere assolutamente marginale nello scacchiere politico del Mediterraneo; la sua importanza declinò e venne lentamente e irreversibilmente abbandonata a se stessa.

Nel 410 i Visigoti guidati da Alarico, che da decenni erano in continuo movimento entro i confini dell'Impero romano, spesso come esercito federato altre volte come orda devastatrice, approfittando della crisi dell'esercito imperiale in seguito all'uccisione del comandante Stilicone e alla incertezza politica che ne seguì, si mossero verso Roma che subì un devastante saccheggio.

Nel 455, violentemente scomparso l'imperatore romano d'Occidente Valentiniano III, Roma conobbe il saccheggio dei Vandali, già saldamente insediati in Africa.

I Vandali occuparono ciò che era la Provincia romana d'Africa, in pratica l'intero territorio nord africano, in aggiunta alla Sicilia, Sardegna, Corsica e Baleari; Cartagine divenne la capitale del regno. Il loro dominio in Sardegna, che durò circa ottant'anni, veniva esercitato con la forza delle armi ed era diretto all'esazione di gravosi tributi a carico delle popolazioni conquistate, senza dare eccessivo peso all'amministrazione dei territori occupati: venne preferita, almeno nei primi tempi, un'azione di pura e semplice spoliazione e vessazione delle popolazioni sottomesse.

Primo e importante obiettivo dei nuovi conquistatori fu naturalmente quello di pervenire al completo controllo delle città più importanti, per l'esazione di tributi che è facile immaginare particolarmente pesanti. Anche le terre più fertili e remunerative divennero, in parte, oggetto di acquisizione al patrimonio personale del re vandalico.

Non fu, quello dei Vandali, comunque un possesso privo di problemi, dal momento che l'opposizione esercitata dalle genti barbaricine non tardò ad emergere in tutta la sua complessità. Per farvi fronte venne nominato un luogotenente fornito di pieni poteri militari e civili, con l'incarico di tenere a freno le ribellioni delle popolazioni interne: cambiavano i dominatori, ma le opposizioni e le incursioni dei sardi barbaricini, si ripetevano regolarmente.

Il re dei Vandali, Genserico, la cui gente aveva già da tempo abbracciato il credo Ariano, decise di condurre una politica moderatamente permissiva, costringendo alla conversione solo i funzionari statali, ma lasciando libertà di culto al resto delle popolazioni conquistate. In contropartita di questa semi-libertà di culto, impostò il sistema erariale in maniera piuttosto pesante sia nei confronti delle ricche famiglie romane che del potente e ricco clero cattolico nord africano. Genserico regnò per circa 50 anni; i suoi successori alternarono periodi di tolleranza religiosa ad altri di assoluta intransigenza.

Durante il regno di Trasamondo (496-523) ripresero le persecuzioni contro i cattolici e nel 507 numerosi ecclesiastici (un centinaio) furono costretti all'esilio in Sardegna. Tra costoro figuravano anche diversi vescovi, compreso il vescovo di Cartagine, il vescovo di Ruspe (Fulgenzio) e quello di Ippona che fece trasportare a Cagliari le reliquie di Sant'Agostino, dove furono custodite per oltre duecento anni.

Le spoglie del santo vennero poi traslate a Pavia nella Basilica di San Pietro per metterle al riparo dalle incursioni saracene che nell'VIII secolo erano particolarmente frequenti in Sardegna.

Nel 530 il governatore della Sardegna, Goda, avvertendo il pericolo di una guerra dell'impero Bizantino contro il regno dei Vandali, dichiarò il distacco della Sardegna da Cartagine, si autoproclamò re e offrì la sua sottomissione all'imperatore di Costantinopoli, Giustiniano.

Nel 533 una flotta inviata dal re dei Vandali, Gelimero, sconfisse la resistenza di Goda che fu giustiziato. Finì così il primo effimero regno di Sardegna.

L'anno successivo (534), l'imperatore Giustiniano prese la decisione di riconquistare i territori nord africani occupati dai Vandali e mise il generale Belisario a capo della spedizione. Furono sufficienti pochi mesi per sconfiggere definitivamente il re Gelimero e porre così fine al regno Vandalico dopo circa un secolo di esistenza.

Il periodo bizantino

La sconfitta inflitta al regno Vandalico, consentì all'impero bizantino di annettersi i territori in precedenza inseriti nella Provincia del nord Africa (Africa latina), che prima della conquista vandalica facevano parte dell'impero romano d'Occidente; la Sardegna divenne una delle nuove sette province che vennero poste sotto l'autorità dell'Esarca (o Prefetto del Pretorio) d'Africa.

Nell'Isola, l'amministrazione degli affari civili era sottoposta al Giudice provinciale (*Judex provinciae* o *Praeses*), mentre la direzione degli affari militari sottostava al *Dux* o *Magister militum*. Il ritorno della Sardegna nell'ambito dell'Impero Romano d'Oriente, non modifica assolutamente la situazione economica né quella sociale che proseguono il lento, ma costante percorso verso la decadenza.

Nel vuoto politico istituzionale che colpì la parte occidentale dell'impero romano, emerse con decisione il ruolo di una nuova potenza: la Chiesa di Roma che si propose, attraverso l'opera di grandi pontefici, tra cui Gregorio Magno, di rinnovare il ruolo di Roma come *Caput mundi*, guida e autorità spirituale per tutta la cristianità, non disdegnando in più di un'occasione di contrapporsi all'Imperatore d'Oriente laddove questi tendeva a riconoscere al patriarca di Costantinopoli un ruolo ecumenico.

Anche se in misura inferiore a quelli che colpirono l'Occidente, l'impero Bizantino si trovò dinanzi una serie di gravosi problemi legati all'immensità del territorio amministrato, alle pressioni esterne e ai problemi legati alla religione che l'imperatore si riservava di affrontare e risolvere.

Allo stesso modo in cui la Chiesa romana occupò il vuoto di potere che si era creato in Italia, in seguito alla decadenza dell'impero d'Occidente, analogo ruolo venne svolto anche in Sardegna con il graduale abbandono dell'Isola da parte di Bisanzio.

Il pontefice Gregorio I , negli anni a cavallo tra il VI e il VII secolo, diede l'avvio a una profonda opera di conversione delle popolazioni sarde, soprattutto quelle barbaricine, che si sapeva essere ancora legate ai culti pagani.

Gli inviati in terra sarda dovettero scontrarsi anche con il Dux militare, la cui residenza era a Fordongianus (*Forum Traiani*) per sovrintendere ai problemi legati alle periodiche incursioni delle popolazioni interne che mai avevano abbandonato la loro vocazione per le scorrerie. Sembra che il Dux permettesse alle popolazioni pagane, assai numerose fra le genti sarde dell'interno, di continuare a praticare i propri riti in cambio di una specifica tassazione.

La crisi dell'Impero d'Oriente nasceva in primo luogo dai contrasti con l'altra grande potenza ai confini orientali, la Persia; di difficile soluzione si rivelò anche la turbolenta situazione balcanica; senza dimenticare che il mondo islamico aveva iniziato la sua inarrestabile azione di espansione.

Gli annosi conflitti con l'impero persiano richiedevano continui sforzi economici per il finanziamento dell'apparato militare. Le finanze imperiali erano ormai dissanguate e questa situazione era resa ancora più acuta dal malcontento delle truppe mercenarie che non ricevevano regolarmente i compensi pattuiti. Per arginare i problemi legati al mantenimento dell'esercito, Bisanzio mise in atto una radicale riforma con l'istituzione dei Temi che, all'interno di una articolata riforma amministrativa, prevedeva l'attribuzione ai soldati della proprietà ereditaria dei terreni agricoli (fondi) dietro il loro obbligo a prestare un servizio militare continuativo ed ereditario anch'esso.

Solamente le province in grado di autofinanziare la propria difesa o quelle che facevano ricorso al servizio ereditario previsto dalla riforma, rimasero nell'orbita di Bisanzio. La Sardegna, eccessivamente lontana dal centro d'interesse dell'Impero, particolarmente turbolenta e anche poco redditizia, venne dimenticata e lentamente lasciata al suo destino.

Quali tracce ha lasciato in Sardegna la dominazione bizantina? Sono numerosi gli edifici religiosi sorti durante il periodo bizantino: San Saturnino a Cagliari, la chiesa di Nostra Signora di Mesumundu di Siligo, Santa Sabina di Silanus, San Giovanni di Sinis, sono tra le più conosciute.

I bizantini lasciarono un'impronta duratura soprattutto nell'ordinamento amministrativo e nella religione in quanto nei territori dell'Impero erano diffusi i riti cristiano orientali. Fondamentale anche per i successivi secoli e per tutta quanta la cultura giuridica europea fu il riordinamento sistematico di tutto il diritto romano precedente.

Per quanto riguarda la vita quotidiana delle popolazioni sarde, viene da pensare che poche cose siano cambiate durante e dopo la dominazione bizantina, come del resto avvenne in seguito alla conquista romana.

Dimenticati dai dominatori bizantini, i sardi si ritrovarono ad affrontare da soli i nuovi problemi derivanti dalle incursioni saracene e lo fecero rifugiandosi sempre più spesso nei territori dell'interno, abbandonando le città costiere che un tempo furono popolose, ricche e attive.

Le zone costiere e l'immediato entroterra, causa lo spopolamento, non beneficiarono più dell'attività agricola e le paludi ripresero ad espandersi.

Le febbri malariche a loro volta tennero ancora più lontani i sardi da quel mare che non era mai stato per essi un'occasione di crescita, tranne che nei periodi in cui i Popoli provenienti dal Vicino e Medio oriente approdarono un po' dappertutto nelle terre che si affacciavano sul Mediterraneo occidentale, Sardegna compresa, dove edificarono (a partire già dal IX secolo a. C.) le più belle (e in breve tempo ricche) città che i sardi avessero mai conosciuto.

Il periodo giudicale

A partire dal IX secolo, in seguito al completo disinteresse da parte dei Bizantini per la Sardegna e alla contemporanea comparsa della minaccia dei Saraceni con le loro continue incursioni, si concretizza nell'Isola un esperimento politico particolarmente interessante.

Dopo oltre dodici secoli dalla fine della Civiltà nuragica si assiste alla nascita di piccole entità statali, i Giudicati, quattro minuscoli regni indipendenti sotto la guida di altrettanti Giudici.

Come già detto, il potere bizantino in Sardegna venne affidato a due governatori, quello militare (*Dux*) con sede a Fordongianus e quello civile (*Judex provinciae*) che risiedeva a Cagliari. Se consideriamo tale forma di governo, si potrebbe pensare che il Giudice civile, negli anni, abbia avocato a sé tutto quanto il potere, approfittando della cessazione dei rapporti di Bisanzio con la sua remota e poco appetibile provincia. Anche in seguito ai problemi legati alla successione e all'esigenza di presidio costante dei territori, non si può escludere un frazionamento dell'originaria Provincia sarda istituita dall'Imperatore Giustiniano in quattro entità indipendenti che mantennero comunque tratti analoghi nella loro organizzazione amministrativa.

Se gli avvenimenti hanno effettivamente preso questa direzione o si siano svolti in tutt'altro modo, continua ad essere materia di approfondite ed erudite discussioni da qualche secolo a questa parte, senza che si sia trovata la chiave per una univoca interpretazione dei fatti.

I quattro Giudicati venivano identificati o con il nome della città più importante o con la denominazione dei rispettivi territori: Giudicato di Cagliari, Giudicato di Arborea (Oristano), Giudicato della Gallura e Giudicato di Torres o del Logudoro.

La successione era ereditaria, ma sottoposta al consenso dell'Alto clero e dei potenti del Giudicato. Il Giudice era affiancato nella sua attività da alcuni funzionari, i più importanti dei quali erano: *l'armentariu de pegugiare* (che curava il patrimonio privato del Signore), *l'armentariu de rennu* (una sorta di ministro delle finanze), in aggiunta a uno stuolo di funzionari minori.

Il territorio dei quattro Giudicati era suddiviso in curatorie (sessanta in totale) comprendenti diversi villaggi. La giustizia era amministrata in prima persona dal Giudice che spesso delegava questo compito ai responsabili delle curatorie, riservando a sé i casi più importanti.

A complicare il lavoro degli storici che svolgono le loro ricerche per approfondire la conoscenza della Sardegna nel periodo giudicale, ha contribuito in maniera determinante l'assoluta mancanza di documentazioni relative alla nascita e all'evoluzione dei Giudicati nei primissimi secoli di vita.

Questo vuoto documentale e archivistico si estende per oltre due secoli e impedisce una puntuale ricognizione sulla situazione sociale ed economica della Sardegna del periodo immediatamente successivo alla cessazione di fatto della dominazione bizantina.

Solamente a partire dall'XI secolo, i documenti d'archivio consentono una attendibile disamina di numerosi atti, riguardanti contratti e donazioni di proprietà terriere; documenti conservati soprattutto nelle abbazie: questi registri sono noti col nome di *Condaghi*. Molte annotazioni si riferiscono all'assegnazione di terre comuni distribuite a sorte, permettendoci di conoscere aspetti della società dell'epoca che vedeva nell'organizzazione delle attività legate all'agricoltura e all'allevamento il perno di tutta quanta la società. Nucleo fondamentale della società rurale dell'epoca era il villaggio, definito, più che da confini chiari e lineari, dai terreni di sua pertinenza e dalle sue risorse che insieme costituivano un'entità economica e sociale bene individuata.

Quelle risorse andavano valorizzate e protette in quanto (difettando un commercio sufficientemente organizzato anche per mancanza di una massa monetaria atta ad alimentare gli scambi) vi era la necessità che ogni villaggio provvedesse al proprio fabbisogno dei beni, soprattutto quelli alimentari.

Un'altra esigenza molto sentita era la difesa dai continui sconfinamenti delle greggi che spesso venivano indirizzate sui terreni coltivati con i comprensibili contraccolpi negativi sul raccolto.

Si giunse pertanto a una regolamentazione consuetudinaria delle terre prossime al villaggio secondo modalità che potevano variare, ma che mantenevano inalterata la motivazione fondamentale che era quella di coinvolgere l'intero villaggio in un utilizzo razionale delle poche terre coltivabili salvaguardandole al contempo dagli atti di forza dei pastori che, essendo alla continua ricerca di pascoli, poco si curavano delle esigenze degli agricoltori. Consuetudine che diventava ancora più pressante in periodi di latitanza delle autorità governative dal loro compito di salvaguardia dell'ordine e della sicurezza del territorio.

L'utilizzo razionale delle terre prevedeva la rotazione nella coltivazione e nel riposo, indispensabile pratica per ottenere una migliore resa; ma l'intera struttura mirava soprattutto al coinvolgimento dell'intero villaggio nella difesa dei diritti e delle esigenze comunitarie.

Di tutte queste esigenze si fecero carico i diversi Giudici mediante l'emanazione di leggi che precisavano nei dettagli gli utilizzi delle terre. La più nota di tali legislazioni è la Carta de Logu del Giudicato di Arborea emanata nel 1395, sotto il regno di Eleonora.

Le prescrizioni della Carta sono estremamente chiare: ai pascoli delle mandrie di vacche, maiali, capre e pecore sono riservati i terreni non coltivabili (i saltus) e comunque quelli lontani dai villaggi, o meglio, lontani dalla *habitacione* (che diverrà sotto la dominazione spagnola *bidattone* e successivamente *vidazzone*).

Con questo termine si identifica dunque il terreno coltivabile nei pressi del villaggio, sottoposto a rotazione obbligatoria e suddiviso tra *habitacione de arari* e *habitacione de pascher bestiamene masedu*: il primo destinato alla coltivazione cerealicola e il secondo destinato a prato per il pascolo degli animali da tiro. Nel territorio comune tutto ciò che non è coltivabile viene anche indicato con il nome di *paberile*.

Il territorio del Giudicato era suddiviso in alcune curatorie comprendenti diversi villaggi. Il Giudice, oltre alle incombenze di governo, accentrava nelle sua persona anche l'amministrazione della giustizia pur avvalendosi dei responsabili delle varie curatorie per dirimere e decidere i casi più semplici che interessavano i rispettivi territori di competenza.

Il distacco della Sardegna dall'Impero bizantino provocò un lento, ma inarrestabile processo di abbandono dei riti della Chiesa cristiana orientale, che venne ulteriormente accelerato dall'arrivo in

Sardegna di monaci Benedettini e di monaci appartenenti agli ordini dei Vittorini, Camaldolesi, Cistercensi.

Nel 1065 giunsero in Sardegna i primi monaci benedettini, in seguito alla precisa richiesta rivolta dal Giudice Barisone di Torres all'Abate di Montecassino. Il primo monastero benedettino fondato in Sardegna fu quello di Tergu (Sassari), dove poi venne edificata la chiesa di Nostra Signora di Tergu (in stile romanico) alla cui costruzione, ultimata attorno al 1117, lavorarono qualificate maestranze pisane.

I monaci Vittorini vennero chiamati dal Giudice di Torres e si stanziarono in un primo tempo a Posada per poi spostarsi al sud, accolti dal Giudice di Cagliari, Orzocco, che donò loro alcune chiese, tra le quali la chiesa e il convento di San Saturnino a Cagliari (nel 1089).

Contestualmente alla loro missione spirituale, i Vittorini non disdegnarono di occuparsi anche di traffici (si assicurarono la gestione del porto di Cagliari) e pervennero al controllo della produzione e del commercio del sale prodotto nelle saline cagliaritane. Un'attività, quella dello sfruttamento delle saline, che assicurava elevati utili ai monaci gestori anche grazie ai miseri salari che ricevevano le maestranza addette (meglio: comandate) all'estrazione e alla frantumazione del sale.

Comparvero anche i Camaldolesi a Bonarcado e a Saccargia; i Vallombrosiani a San Michele di Plaiano, nei pressi di Sorso; i Cistercensi a Sindia (santa Maria di Cabu Abbas). Queste comunità si stanziarono solitamente nelle zone rurali dove si dedicarono attivamente alla conduzione di ben organizzate tenute agricole e acquisendo, nel tempo, un notevole peso economico.

Il potere dei Benedettini in Sardegna iniziò a vacillare attorno alla metà del XIII secolo quando i Pisani che estesero la loro supremazia su quasi tutta la Sardegna, incoraggiarono l'arrivo dei Francescani e dei Domenicani.

Durante l'occupazione aragonese e, ancora di più, durante la dominazione spagnola, il monachesimo esistente venne pesantemente influenzato dalla decisione di porre i conventi sardi alle dipendenze di Superiori spagnoli.

Il vertice della struttura sociale nella Sardegna

giudicale è occupato da una ristretta cerchia di *Maiorales* che oltre alla ricchezza vantano dei rapporti di parentela o amicizia con i Giudici.

Godono di situazioni privilegiate che possono arrivare all'esenzione totale degli obblighi fiscali e spesso occupano posti di assoluto prestigio nell'amministrazione dei minuscoli regni.

Le attività mercantili sono prevalentemente appannaggio dei pisani e genovesi, mentre i sardi non riusciranno, se non saltuariamente, ad inserirsi in questa che appare una classe piuttosto esclusiva. Le uniche possibilità mercantili per i sardi pare fossero quelle legate al piccolo commercio.

I pastori e gli agricoltori, sicuramente in numero limitato considerando l'estensione dei latifondi in mano ai ricchi possidenti e alle istituzioni religiose (diocesi e monasteri), non sempre erano in grado di raggiungere l'autosufficienza economica e spesso erano costretti a svolgere anche un lavoro salariato.

La base più estesa e povera della popolazione era costituita dai servi. La condizione servile si concretizzava nella prestazione di quattro giornate lavorative alla settimana, restando le rimanenti tre per provvedere al procacciamento dei mezzi necessari alla propria sussistenza. L'obbligo del servaggio poteva essere diretto non necessariamente a favore di un solo padrone; non era raro, infatti, il caso delle prestazioni che venivano ripartite su più beneficiari.

Lo stato servile scomparirà nel XIV secolo. L'aumento della circolazione monetaria, la colonizzazione rurale e la possibilità di riscatto del lavoro obbligato faranno cessare questo antico uso.

Fine del periodo giudicale. Pisa e Genova

L'età giudicale fu contraddistinta dall'ingerenza di Genova e di Pisa negli affari e nei commerci della Sardegna.

Tale ingerenza, inizialmente limitata ai commerci, ebbe inizio nell'ultimo ventennio dell'XI secolo in seguito alla bonifica del mare sardo dalle navi corsare saracene, effettuata dalle flotte pisane e genovesi che accolsero l'appello del pontefice Benedetto VIII.

La storia della Sardegna nel XII e XIII secolo è contrassegnata oltre che dalle rivalità fra i quattro Giudicati, anche dalle rivalità e dagli scontri delle due Potenze marinare e dalle varie alleanze che di volta in volta coinvolgevano, ora l'uno ora l'altro, tutti i protagonisti.

I Giudici, senza grosse risorse finanziarie, senza flotta e senza alcun peso politico, non potevano che affidarsi alla protezione e all'assistenza delle due Potenze. Infatti in più di un'occasione sollecitarono l'appoggio militare e il sostegno finanziario ritenuti necessari, ma che andavano in un modo o nell'altro ricompensati. Le contropartite erano costituite da agevolazioni fiscali, autorizzazioni alla gestione delle risorse economiche, alla costruzione di abitazioni e fortificazioni, alla concessione di monopoli, ai matrimoni combinati con appartenenti alle più facoltose famiglie pisane e genovesi con membri delle famiglie regnanti nei Giudicati sardi.

La penetrazione nell'Isola delle due Repubbliche, le mire della Chiesa di Roma per impossessarsi a sua volta della Sardegna, le lotte e le rivalità fra i Giudici, portarono alla crisi, alla decadenza e al definitivo tramonto dell'epoca giudicale. E così, uno dopo l'altro, i Giudicati cessarono di esistere.

Nel 1215 i Pisani ottennero dai Giudici di Cagliari, residenti nell'antica capitale di Santa Igia che sorgeva tra il colle di Tuvixeddu e lo stagno di Santa Gilla, l'autorizzazione a costruire nella collina di Castello, un quartiere fortificato (*Castrum Caralis*) destinato ad ospitare le abitazioni e le attività dei numerosi pisani.

Quarant'anni dopo, il Giudice Chiano concesse a Genova la rocca del Castello e questa decisione gli risultò fatale, provocando la sua fine (fu infatti assassinato nel 1256). Il Giudicato sopravvisse ancora per due anni fino al 1258, guidato da

Guglielmo III, quando una coalizione composta da arborensi, galluresi e pisani attaccò S. Igia, distruggendola e ponendo fine al Giudicato.

I suoi territori furono suddivisi tra il Giudicato di Arborea, quello di Gallura e la famiglia Della Gherardesca, cui andò la regione meridionale. Cagliari venne amministrata direttamente da Pisa.

Entro la fine del secolo scomparvero anche il Giudicato di Torres e quello della Gallura. Il primo venne suddiviso tra le potenti famiglie liguri dei Doria e dei Malaspina; si salvò Sassari che divenne comune autonomo.

Il Giudicato di Gallura verrà governato direttamente da Pisa.

Solamente il Giudicato di Arborea riuscì a sopravvivere ancora per oltre un secolo, fino al 1420.

I Pisani, rientrati in possesso del Castrum Caralis, avviarono una serie di opere per la fortificazione del borgo, per il rafforzamento delle mura e per l'edificazione di diverse torri che permettevano il controllo dell'intero golfo di Cagliari.

L'architetto Giovanni Capula (*architector*

optimus et caput magister) di probabili origini cagliaritane, ma di sicura scuola toscana, progettò e diresse i lavori della costruzione della Torre dell'Elefante e della Torre di San Pancrazio (edificate con massi di calcare bianco estratti dalle cave del colle di Bonaria), che si sono conservate praticamente intatte.

Le due torri superstiti della cinta muraria di Cagliari, oltre che aver costituito il perno difensivo della Città realizzato dalla potenza Pisana, hanno rappresentato una splendida eccezione nel panorama piuttosto scialbo e "povero" del patrimonio edilizio sia civile che militare del capoluogo sardo. Un quadro assai sconfortante che perdurerà per i successivi quattro secoli sotto il dominio aragonese e quello spagnolo, e che videro poche significative eccezioni limitate all'edilizia religiosa.

Tali opere di rafforzamento del Castello vennero eseguite in vista dell'arrivo in Sardegna dell'esercito aragonese, dato per scontato come ovvia conseguenza della licenza d'invasione concessa al re Giacomo II dal papa Bonifacio VIII, nel 1297.

Si attribuisce a Capula anche la Torre dell'Aquila (o del Leone), oggi incorporata nel Palazzo Boyl.

Dominazione aragonese e spagnola

Il Pontefice Gregorio VII, sul finire dell'XI secolo, rivendicò alla Santa Sede la sovranità sulla Sardegna e la Corsica, pretendendo e ottenendo il giuramento di fedeltà da parte dei quattro Giudici e la rinuncia da parte della chiesa sarda alla sua secolare autonomia.

Questa rivendicazione papale venne confermata nel 1297 da Bonifacio VIII (bolla *Redemptor mundi*) che rilasciò licenza d'invasione a Giacomo II d'Aragona per consentirgli di prendere possesso del Regno di Sardegna e di Corsica che il Papa decise di istituire. Tale mossa politica, nelle intenzioni papali, avrebbe messo a tacere le pretese aragonesi verso la Sicilia.

Soltanto 25 anni dopo il dono papale, gli aragonesi decisero di perfezionare il possesso della Sardegna e con il loro esercito (nominalmente capeggiato dall'Infante Alfonso, giovanissimo figlio del re aragonese) conquistarono nel 1324 prima Iglesias e poi Castel di Carali, dopo lunghi assedi.

La base logistica degli assedianti aragonesi venne stabilita nel colle di Bonaria, dove vennero edificate la cittadella fortificata e una piccola cappella; adiacente a questa chiesetta sorse, nel 1704, l'attuale Basilica di Nostra Signora di Bonaria.

Ai Pisani fu concesso di continuare a occupare il Castel di Carali titolo di feudo, mentre il restante territorio passò ai nuovi conquistatori. Pisa, comunque, non si rassegnò facilmente alla perdita della sua colonia e tentò nei due anni successivi di rientrare in possesso di quanto aveva perduto. I tentativi si risolsero con nuove sconfitte che costrinsero Pisa ad abbandonare definitivamente Cagliari.

Gli anni che seguirono l'insediamento in Sardegna della potenza aragonese, videro ripetuti episodi di rivolta contro i nuovi dominatori che non nascosero la loro ferma intenzione di procedere speditamente alla trasformazione dell'isola in una vera e propria colonia. Troppo impegnativa fu l'azione di conquista, dal punto di vista militare e dal punto di vista finanziario, e lo sforzo profuso non poteva che avere i suoi ritorni concreti, sì da costituire un immediato e riscontrabile aumento del prestigio che la Corona d'Aragona intendeva conseguire sotto lo sguardo attento delle potenze europee.

Fu subito chiaro agli occhi delle popolazioni sarde, che i nuovi padroni, avevano un solo obiettivo, cioè quello di procedere allo sfruttamento dell'Isola. Esisteva una sola strada da percorrere, cioè quella della ripartizione del territorio tra i nobili aragonesi, finanziatori in parte dell'impresa, e tra i vari comandanti dell'esercito invasore.

La Sardegna fu così suddivisa in feudi, nella grande maggioranza dei casi comprendenti pochi villaggi.

Dall'infeudazione, subito avviata, rimase escluso il solo territorio appartenente al Giudicato di Arborea, che mantenne la propria autonomia fino alla sconfitta subita nella battaglia di Sanluri del 1409.

Il perno dell'organizzazione amministrativa nell'Isola era rappresentato dal Viceré, che svolgeva il ruolo di alter ego del sovrano aragonese, soppiantando nel secondo decennio del 1400, le precedenti figure dei due governatori (uno a presidiare il Capo di sopra e l'altro al comando del Capo di sotto).

Non potendo disporre di approfondite conoscenze delle procedure di esazione vigenti in Sardegna, né del loro livello e conseguente grado di soddisfacimento delle esigenze erariali della Corona, vennero inviati esperti funzionari amministrativi non tanto per fare una ricognizione del vecchio, ma per impiantare nuovi e più pesanti tributi. Insomma, l'urgenza dell'esazione consigliava d' introdurre in Sardegna un sistema di tassazione di pronto effetto.

Arrivarono anche artigiani, contadini, commercianti, con le rispettive famiglie al seguito, per ovviare allo spopolamento delle città più importanti che videro diminuire drasticamente il numero dei residenti in seguito all'abbandono della Sardegna da parte dei vecchi dominatori pisani.

Per quanto riguarda Cagliari anche i residenti aragonesi che si erano insediati nel quartiere fortificato sorto sulla collina di Bonaria, vennero incentivati a trasferirsi nel Castello. Contemporaneamente venne regolato l'accesso dei sardi nell'acropoli con rigide disposizioni riguardanti anche gli orari di entrata e uscita nel Castel di Carali.

Nel 1355 il re Pietro IV d'Aragona, in occasione del suo viaggio in Sardegna, decise l'istituzione del Parlamento sardo, organo legislativo del Regno che era composto dai rappresentanti delle tre classi (allora denominate col termine Bracci o Stamenti) più influenti nella società dell'epoca. Furono convocati gli appartenenti al Braccio militare (di cui facevano parte i feudatari), gli Ecclesiastici (vescovi, abati, priori), e gli appartenenti al Braccio reale (i deputati delle città libere, non infeudate).

Il Parlamento fu poi convocato negli ultimi duecento anni della dominazione spagnola, all'incirca ogni dieci anni. Compito del Parlamento era quello di fissare il donativo, la tassa cumulativa che la Sardegna era tenuta a versare alla Corona. Il Parlamento poteva anche fare delle proposte legislative senza vincolo alcuno per il sovrano circa la loro approvazione.

Il Parlamento sardo, in occasione della sua convocazione del 1421, propose l'estensione della Carta de Logu in vigore sino ad allora nel Giudicato di Arborea, all'intero territorio del Regno di Sardegna. Tale proposta fu approvata dal re Alfonso il Magnanimo e restò in vigore anche sotto la dominazione sabauda, quando venne soppiantata con la promulgazione del codice approvato sotto il regno di Carlo Felice nel 1827.

Dalla conquista e fino all'ultimo quarto del XV secolo, cioè per oltre un secolo e mezzo, le sommosse, le rivolte e, in alcuni casi, anche le guerre, contraddistinsero i difficili rapporti tra le popolazioni sarde e le autorità aragonesi.

I Giudici di Arborea si misero a capo, anche se sporadicamente, dei movimenti di ribellione, conducendo più d'una guerra, che spesso costrinse gli occupanti a rifugiarsi nelle loro due città fortificate, Cagliari e Alghero.

Mariano IV, Ugone III e sua sorella Eleonora furono i paladini della ribellione sarda e, con la loro tenacia, rappresentarono per anni l'emblema dell' aspirazione all'indipendenza di tutta quanta l'Isola. L'esaltante periodo con il suo diffuso e profondo desiderio d'indipendenza ebbe fine nei primissimi anni del 1400, qualche anno dopo la morte di Eleonora.

La battaglia di Sanluri mise fine a quel periodo di grandi ideali d'indipendenza, forse unico nella storia sarda: il Giudicato di Arborea cessò formalmente di esistere e venne trasformato nel marchesato di Oristano.

Il dominio aragonese (durato circa 150 anni) fu dunque caratterizzato da diversi episodi di opposizione delle popolazioni sarde che trovarono sostegno in alcuni Giudici, sebbene questi ultimi agissero in ordine sparso e con strategie spesso ambigue, con l'obiettivo di salvaguardare i loro possedimenti senza avere una visione unitaria della Sardegna e di conseguenza agire in vista di un possibile percorso verso una nazione sarda.

La battaglia di Macomer, atto finale della ribellione condotta dall'ultimo marchese di Oristano, Leonardo Alagon, nell'estremo tentativo di ripristinare l'antico Giudicato di Arborea, chiuse definitivamente il contrasto tra aragonesi e sardi.

L'unificazione dei due regni di Aragona e di Castiglia segna l'avvio della dominazione spagnola in Sardegna.
La dominazione spagnola, a differenza di quella precedente, fu caratterizzata da un'accettazione relativamente rassegnata e passiva da parte delle popolazioni sarde, ormai private della guida dei ceti nobiliari che nel passato ricoprirono il

ruolo di paladini dell'indipendenza dell'Isola.

La Corona d'Aragona, che costituiva una modesta entità nello scacchiere politico e militare dell'Europa, non dovette affrontare lunghe e sanguinose guerre con le altre potenze continentali. La Spagna, al contrario, venne coinvolta in varie occasioni in aspri e lunghi conflitti durante gli oltre due secoli nei quali la sua storia lambì, sfiorandola appena, quella della Sardegna. Le guerre comunque in un modo o nell'altro entrarono anche nell'Isola; vi entrarono la peste e i corsari barbareschi. E la Sardegna provò anche l'ingombrante e spietata presenza del tribunale dell'Inquisizione.

Guerre, conflitti, saccheggi, rivolte

Nel 1527 una flotta francese prese d'assalto Castel Aragonese (l'attuale Castelsardo) senza riuscire a penetrare nella rocca; le truppe si diressero poi verso Sassari che venne saccheggiata brutalmente.

Nel 1538 i Saraceni attaccano, conquistano e saccheggiano Porto Torres, profanando la basilica di San Gavino.

Qualche conseguenza della Guerra dei trent'anni(1618-1648) che vide la Spagna e l'Austria unite contro la Francia in un durissimo conflitto, interessò anche la Sardegna.

Numerose navi (una quarantina) appartenenti alla flotta francese sbarcarono nel 1637 nei pressi di Oristano con l'obiettivo di procedere al rifornimento di cibo: non trovarono resistenza alcuna e la città venne saccheggiata.

Intervennero da Cagliari le milizie isolane che, dopo aver messo in fuga i francesi, si lasciarono andare ad azioni di razzia che, a detta di qualche cronista dell'epoca, procurarono agli abitanti più danni di quanti non ne avessero creato gli assalitori stranieri.

Le razzie barbaresche con saccheggi, furti e

anche con la cattura di numerosi abitanti, fu un'altra piaga che si protrasse per quasi tutto il periodo della dominazione spagnola. L'elencazione di quei gravissimi episodi di pirateria ci consentirebbe di capire una situazione particolarmente dolorosa e di quasi totale indifferenza dei governanti, che trovò una parziale soluzione con l'attuazione di una linea di avvistamento delle navi corsare. Tale piano di difesa rimase comunque incompleto in quanto si fermò alla costruzione delle torri nei punti ritenuti strategici per il controllo del litorale, senza fornire le necessarie guarnigioni militari che avrebbero potuto costituire un primo efficace ostacolo alle azioni di pirateria.

Sotto il regno di Filippo II venne istituita, nel 1587, la Reale Amministrazione delle Torri che veniva finanziata con una tassazione aggiuntiva sul formaggio, la lana e il cuoio.

Furono costruite un'ottantina di torri litoranee, alcune delle quali ancora oggi esistenti e gradevolmente inscritte nei paesaggi costieri, come ad esempio le torri di Bosa, Stintino, Teulada, Calasetta, Torre Grande ad Oristano, quella del Poetto, di Cala Domestica, di Capo San Marco, di

Capo Malfatano, e molte altre ancora.

La peste, o meglio le varie epidemie di peste, che colpirono l'Europa dalla metà del 1300 fino a quella, forse la più grave, degli anni 1652-1657 contribuirono a ridurre drasticamente la popolazione dell'Isola.

Riportiamo un brano tratto da *La società sarda in età spagnola - cap. II Il trionfo della morte fra peste e carestia di Francesco Manconi* che è altresì il curatore dell'intera opera pubblicata nel 1993 dalla Regione Sarda):

"La penuria d'uomini è stata una costante nella storia della Sardegna...Ad incidere negativamente sullo spopolamento dell'isola... è stata per secoli l'endemia malarica.

Ma sono specialmente le pesti e le carestie a scandire i ritmi della vita e della morte delle popolazioni sarde...

E' proprio nella seconda metà del Seicento che raggiungono l'apice gli effetti negativi dell'azione congiunta di pestilenze e di ripetute carestie.

La pestilenza di metà del Seicento (1652-1657)... entra in Sardegna proveniente dal Levante spagnolo, attraverso Alghero, nella primavera del 1652...

Il decorso della malattia è tanto rapido quanto infausto...

Se Alghero non sa difendersi dall'epidemia, Sassari lo sa fare ancora meno. Introdotta da un gesuita fuggito da Alghero... la peste si diffonderà successivamente ad Oristano, nel Campidano e, sul finire di novembre è alle porte di Cagliari.

Sulla natura del male viene mantenuto il più assoluto segreto fintanto che non sono organizzate a puntino le fughe dei ricchi e dei privilegiati. Non si vuole adottare la misura consueta del blocco dei commerci in modo da procrastinare il più possibile la crisi economica del porto ... Il castello di San Michele appena fuori città viene destinato alle quarantene... E' nei mesi da aprile a giugno del 1656 che il contagio raggiunge il suo culmine... "

Quest'ultima epidemia si pensa abbia causato il decesso di circa ottantamila individui, cioè il 35-40 dell'intera popolazione, senza alcuna distinzione di età o di condizioni sociali: fu una strage livellatrice.

Come ringraziamento del popolo a Sant'Efisio per aver liberato Cagliari dalla terribile pestilenza (che dimezzò la popolazione), dal 1657 si rinnova il voto che lega la Città al Santo, cui venne attribuito il miracolo.

Anche in Sardegna venne istituito il Tribunale dell'Inquisizione che dal 1563 trasferì la propria sede da Cagliari a Sassari. Non è difficile immaginare che il reato più diffuso fosse quello delle arti magiche e di stregoneria esercitate frequentemente dalle anziane donne soprattutto nei paesi…!

Le pratiche di medicina popolare con ricorso a decotti e tisane di varie erbe era, quasi certamente, un'antica tradizione diffusa nella nostra Isola. A questi rimedi, più o meno efficaci, se ne aggiungevano altri, ancora più antichi e altrettanto ostacolati dalle autorità civili e soprattutto da quelle religiose, e che consistevano in invocazioni e formule (*brebus*) dirette ad ottenere guarigioni, del corpo e della mente, rimuovere malocchi e altri mali veri o immaginari. Tutti comportamenti e pratiche che costituivano motivo di arresti, lunghi soggiorni nelle carceri e inevitabili processi infarciti di dotte discussioni fra i giudici del supremo Tribunale. Discussioni durante le quali si cercava di estorcere volontarie confessioni dopo un periodo di detenzione contrassegnato da stiramento degli arti, ferri roventi, strappo delle unghie e altre varie raffinate torture.

Vittima illustre di quel perverso sistema giudiziario e religioso-politico fu un grande intellettuale e magistrato, Sigismondo Arquer, che venne arso nella piazza di Toledo il 4 giugno 1571. I motivi della condanna sono da ricercarsi, probabilmente, nelle inimicizie procurategli dal suo ufficio di avvocato fiscale, dalla sua schiettezza che lo porterà a scrivere, con riferimento agli ecclesiastici sardi dell'epoca:

...sacerdotes indoctissimi sunt...habent suas concubinas maioremque dant operam procreandis filiis quam legendis libris".

L'annessione del regno di Sardegna alla Corona spagnola non ebbe grosse ripercussioni nella situazione economica degli abitanti dell'Isola, che non solo non migliorò, ma che in alcuni periodi fece anche qualche passo indietro. Pesava in maniera insopportabile lo stato di abbandono delle campagne per la maggior parte in mano ai feudatari spagnoli che il più delle volte risiedevano nelle città iberiche e che erano poco interessati a reinvestire parte dei loro profitti per l'ammodernamento dei possedimenti.

Le città erano quasi completamente abitate da stranieri , di origine italiana o spagnola, che occupavano la vetta della piramide sociale, mentre le zone rurali erano sempre più trascurate, oltre che dai feudatari anche dalle autorità governative.

Unico vantaggio, il più delle volte solo apparente, ottenuto in quel periodo dalle popolazioni rurali, era rappresentato dalla scomparsa dell'istituzione della servitù come sistema di prestazioni obbligatorie e gratuite.

L'alternativa era rappresentata o dal lavoro salariato o dalla conduzione diretta di minuscole proprietà agricole o di minuscoli greggi. Il più delle volte il ricavato dell'attività svolta dall'intero nucleo familiare non assicurava l'autosufficienza alimentare per cui si doveva ricorrere contemporaneamente al lavoro salariato e a quello autonomo.

La differenza dei mezzi e delle risorse a disposizione dei cittadini era di gran lunga superiore alla frazione del raccolto utilizzabile dagli abitanti dei paesi, tenendo conto anche dell'obbligatorietà dei conferimenti cerealicoli agli ammassi. Questi ultimi diretti a soddisfare appunto le esigenze di quel mondo cittadino che sebbene dipendente, per le derrate alimentari, dal lavoro delle masse contadine, era assolutamente ignaro o incurante della situazione di estrema indigenza che attanagliava gli abitanti delle Villae (*biddas*).

Le differenze aumentavano in continuazione e sempre più cresceva la diffidenza verso le Autorità, che venivano percepite, a ragione, come preposte alla salvaguardia degli interessi dei ricchi possidenti e dei residenti nelle città..

Una nota positiva contrassegnò gli ultimi decenni della dominazione spagnola nell'Isola: durante il regno di Filippo III, furono istituite le università di Sassari nel 1617, e quella di Cagliari nel 1620; in quest'ultima i primi insegnamenti riguardarono la Teologia, la Medicina, la Filosofia e le Arti.

La Guerra di Successione spagnola (1701-1714) fu un conflitto causato dalla disputa dinastica in seguito alla morte senza discendenti del re di Spagna, Carlo II. La guerra vide contrapposti il regno di

Spagna e quello di Francia contro la coalizione formata dall'impero Asburgico d'Austria, l'Inghilterra, l'Olanda e il Ducato di Savoia.

Con il trattato di Utrecht del 1713, l'Austria ottenne la Sardegna, che era comunque già stata occupata nel 1708 in seguito all'invasione da parte della flotta inglese. In quell'occasione Cagliari subì, ad agosto, un cannoneggiamento dimostrativo per affrettare la sua resa, poi concretizzatasi, e alla quale seguirà dopo alcune settimane analoga cessazione della resistenza di Alghero e di Castelsardo.

In seguito al trattato di Utrecht (1713) e a quello di Rastadt (1714), dunque, i domini spagnoli subirono dei profondi rimaneggiamenti. Passarono all'imperatore d'Austria (oltre alla Sardegna come già detto) il regno di Napoli, il territorio di Milano e i Paesi Bassi; all'Inghilterra venne concessa Gibilterra; Vittorio Amedeo II duca di Savoia e del Piemonte si vide assegnare la Sicilia.

La pace di Utrecht non chiuse definitivamente il conflitto tra le grandi potenze europee. Nel mese di agosto del 1717, infatti, la Spagna dà l'avvio con la sua flotta alla riconquista della Sicilia e della Sardegna.

Alla fine di agosto gli spagnoli, incontrando poca o nulla resistenza da parte delle esigue truppe austriache presenti nell'Isola, occupano Quartu Sant'Elena, per poi proseguire alla riconquista di Cagliari. Successivamente (ottobre) rientrano in possesso sia di Alghero che di Castel Aragonese (Castelsardo). La riconquista della Sicilia e della Sardegna da parte della Spagna darà inizio all'ultima fase della Guerra di successione che terminerà definitivamente nel 1720 con la sconfitta della Spagna e la pace dell'Aja. Termina così, dopo quattro secoli, la dominazione spagnola in Sardegna.

La Sardegna sabauda

Il trattato di Londra del 1718, perfezionato all'Aja due anni dopo, prevedeva che Vittorio Amedeo II di Savoia (noto con il nomignolo di Volpe Savoiarda) cedesse all'Austria la Sicilia in cambio della Sardegna e del titolo di Re ad essa pertinente. Seguì anche la legittimazione e il riconoscimento da parte della Chiesa del nuovo assetto, ma il "Re di Sardegna" manifestò subito la sua insoddisfazione per la modestia dell'acquisto.

Tale malcontento si palesò subito dopo l'acquisizione dell'Isola e venne legittimato dalle relazioni che il primo Viceré, Filippo Guglielmo Pallavicino barone di Saint Remy, inviava alla corte di Torino: "… la noblesse est pauvre, le pays miserable et depeuplé, le gentes sans aucun commerce…". Un quadro piuttosto sconfortante ("nobili poveri, paese miserabile e spopolato, abitanti senza alcuna attività") cui si aggiungeva un clima notoriamente malsano che a causa delle febbri malariche mieteva centinaia di vittime all'anno.

Numerose le criticità legate al nuovo possesso e tutte da affrontare e risolvere per consentire un integrale assorbimento del Regno di Sardegna nello Stato sabaudo.

Apparve subito chiaro che la collocazione giuridica dell'annessione non poteva ignorare il fatto che la Sardegna avrebbe continuato a godere di quella autonomia che, almeno formalmente, le proveniva dagli ordinamenti precedenti. Occorreva procedere gradualmente.

Primo dei problemi che Amedeo II e il suo governo dovettero affrontare era rappresentato dall'esistenza di un consistente numero di feudi (circa la metà dei paesi e villaggi) in mano all'aristocrazia spagnola che, inutile dirlo, non aveva di certo gradito il passaggio dell'Isola alla Casa Savoia e che si dimostrò poco propensa al dialogo.

L'aspetto riguardante l'ingombrante presenza della feudalità di origine spagnola, venne subito affrontato dai nuovi governanti, ma senza che si pervenisse a una soluzione globale concordata tra la Spagna e la Savoia. Si perfezionarono delle transazioni private tra antichi titolari dei diritti feudali e facoltosi aristocratici piemontesi, ma i contratti stipulati non furono numerosi.

Un altro aspetto decisamente negativo era rappresentato dalla poca disponibilità subito palesata da parte del clero sardo a collaborare con le nuove autorità. Questa opposizione venne in parte attenuata con un accordo stipulato tra Casa Savoia e la Santa Sede, nel 1726, che regolamentava le nomine ai vescovadi in senso favorevole alla Stato sabaudo riconoscendo al Re di Sardegna il ruolo di protettore della chiesa con la facoltà di proporre candidature ed esprimere il proprio gradimento delle designazioni alle più alte cariche religiose. Venne anche ribadita la regola (già applicata in epoca spagnola) che i vescovi fossero scelti tra il clero locale e che gli arcivescovi venissero scelti tra il clero "continentale".

Alle difficoltà incontrate dai nuovi governanti nella gestione dei rapporti con i feudatari spagnoli e con il clero fortemente ostile, si aggiunse la consapevolezza che il livello di povertà dell'intera Isola non avrebbe garantito né un importo soddisfacente né una regolarità di entrate al fisco.

La parte più rilevante delle entrate per le casse erariali era comunque rappresentata dal donativo (la cui istituzione risaliva al XV secolo, durante la dominazione spagnola). In origine l'importo del donativo veniva proposto al sovrano dall'assemblea degli Stamenti (Parlamento); durante il periodo sabaudo l'importo triennale era invece frutto dell'accordo diretto tra il Viceré e i tre più importanti esponenti (Voci) dell'antico Parlamento sardo, cioè l'Arcivescovo di Cagliari, il Feudatario di più alto rango e il rappresentante di Cagliari. Le altre entrate fiscali provenivano dai dazi sulle importazioni e le esportazioni (formaggio, pelli, lana, frumento).

Non mancavano le difficoltà dovute all'enorme distanza (dati i mezzi di comunicazione dell'epoca) che separavano l'Isola dai territori piemontesi.

I vantaggi che la Casa Savoia poteva ottenere dal nuovo acquisto territoriale si palesarono, dunque, subito modesti, e nel contempo apparve precaria la situazione dell'ordine pubblico a causa di una diffusa criminalità organizzata, soprattutto nelle zone settentrionali, in bande che seminavano terrore da lungo tempo.

Nel 1736 prese possesso della carica di viceré, il marchese di Rivarolo che si propose una sistematica azione di repressione del banditismo, con il ricorso a truppe dell'esercito, con occupazione dei villaggi dove era in atto una qualche faida o dove si pensava esistessero delle complicità tese a favorire i ricercati.

Il Rivarolo sintetizzò con una formula molto semplice quello che era il comune sentimento dei nuovi dominatori nei confronti della società sarda (quella dell'interno, naturalmente): pastori = banditi = insicurezza = povertà.

La soluzione di questo problema era piuttosto semplice, agli occhi del viceré: occorreva una legislazione straordinaria, una lotta decisa e spietata cui far seguire condanne immediate ed esemplari.

La legislazione straordinaria mirava a colpire le persone e a modificare leggi, costumi e consuetudini. In questa scia, nacque il singolare pregone delle barbe, che prevedeva l'obbligo della rasatura per chiunque avesse la barba risalente a oltre un mese, da cui ne discendeva l'obbligo della regolare rasatura per tutta la popolazione: chiunque fosse stato trovato in difetto veniva multato. Solita deduzione del marchese: le barbe spesso impediscono il riconoscimento dei latitanti, via le barbe, individuati i latitanti!

Venne ribadito l'istituto dell'incarica, l'antica norma che corresponsabilizzava le comunità rurali e gli autori dei delitti che avvenivano nell'ambito territoriale del villaggio, punendo la mancata consegna alle autorità dei presunti colpevoli dei reati commessi. S'introdusse anche la norma che consentiva a chiunque (compresi i ricercati!) di catturare un fuorilegge latitante: vivo o morto.

I tre anni di permanenza del marchese di Rivarolo in Sardegna furono contrassegnati da un regime di estremo rigore e di assoluta mancanza di ogni formalità giuridica; aumentò invece la spettacolarità della giustizia. L'arrivo del Marchese nelle città e nei villaggi veniva anticipato dall'erezione del palco che avrebbe ospitato l'esecuzione dei condannati, lo stesso viceré procedeva a emettere la sentenza, e non perdeva l'occasione per assistere personalmente all'esecuzione.

I centri abitati dell'interno e del nord Sardegna sospettati di connivenza con i briganti, venivano sottoposti a sistematici rastrellamenti e indiscriminate perquisizioni; i corpi dei giustiziati venivano esposti per diversi giorni nella piazza del paese!

Nel suo tour nei piccoli centri dell' interno, il Marchese era solito farsi accompagnare dal suo medico personale (a causa della cagionevole salute), da un giudice e dal boia che era fornito di un patibolo portatile per le esecuzioni fuori programma.

Le esecuzioni capitali portate a termine nel periodo del soggiorno in Sardegna del Rivarolo, furono diverse centinaia; senza dubbio un numero consistente. Occorre comunque non dimenticare il fatto che in quel periodo venivano compiuti in Sardegna non meno di quattrocento omicidi l'anno, migliaia di furti di bestiame, numerose razzie da parte di bande armate, in aggiunta a un numero incalcolabile di reati minori.

I risultati furono sì eclatanti, ma non risolutori del problema. I rastrellamenti venivano aggirati sia con la fuga temporanea in Corsica, sia con la maggiore organizzazione che i briganti seppero contrapporre alla caccia grossa: aumentarono di molto i contatti e i collegamenti; la solidarietà dei ricercati sfociò spesso in una migliore organizzazione e difesa.

In effetti, i successori del Marchese non poterono far altro che segnalare al governo centrale, decenni dopo la cura Rivarolo, che la situazione del brigantaggio in Sardegna rimaneva fuori controllo.

Il Rivarolo ebbe, tra una esecuzione capitale e l'altra, anche il tempo di affrontare l'annoso problema del sottopopolamento dell'Isola. Nel 1738 concluse un accordo con gli abitanti (di origine ligure) che risiedevano da circa due secoli nell'isoletta di Tabarka, prospiciente l'omonima città tunisina, perché prendessero possesso e quindi popolassero l'isola di San Pietro. La maggior parte dei tabarchini, guidati da Angelo Tagliafico, fondarono Carloforte, così chiamata in onore del re Carlo Emanuele III che concesse loro la possibilità di insediarsi nell'isola (chiamata un tempo isola degli sparvieri, Enosim per i fenici).

A quella importante colonizzazione, nel 1770 seguì la fondazione di Calasetta da parte dei rimanenti tabarchini che trent'anni prima non vollero unirsi ai primi colonizzatori di Carloforte.

Il conte Bogino ricevette da Carlo Emanuele III l'incarico di ministro per gli Affari di Sardegna, carica che ricoprì dal 1759 al 1773.

Tra i suoi numerosi interventi volti ad accelerare l'uniformarsi delle consuetudini e leggi alle norme applicate nel territori continentali, è opportuno ricordare l'istituzione dei Consigli comunali eletti dai capi famiglia residenti nei paesi.

Tale riforma non sempre apportò dei benefici alle comunità rurali, in quanto, sostituendo le deliberazioni assembleari, delegava questo potere a pochi eletti che spesso adottavano decisioni clientelari e incrementavano divisioni e rivalità.

Si deve al Bogino anche la riforma e il potenziamento dei Monti Granatici, istituzione risalente ai primi anni del 1600, e che il ministro individuò come efficace strumento per arginare il fenomeno dell'usura.

Come già nel passato, la pastorizia, pur interessando circa la metà degli occupati nelle zone rurali, venne contrastata anche durante i quindici anni dell'incarico di Bogino. Un po' tutti quanti i governanti piemontesi individuavano in quella attività l'origine del banditismo, da cui ne derivava l'assoluta necessità di ostacolarla e impedirla, se possibile, in ogni modo.

Con la salita al trono di Vittorio Amedeo III nel 1773, il conte Bogino venne rimosso dal suo incarico.

Come ebbe a scrivere un suo biografo:

"Integerrimo nell'amministrazione delle finanze…senza riguardi alle persone altolocate…fu temuto e odiato … e per questo messo in cattiva luce…(tanto che il nuovo re Vittorio Amedeo III) …lo tolse duramente di carica".

L'ultimo decennio del 1700 vide anche la Sardegna coinvolta nell'atmosfera politica e ideologica, delle grandi speranze e dei fatti bellici, che seguirono alla grande Rivoluzione francese. Furono, quelli giunti in Sardegna, modesti afflati rivoluzionari e marginali episodi bellici, ma giunsero.

E giunsero anche, nel 1793, le navi da guerra francesi che avevano l'obiettivo di occupare la Sardegna, ritenuta una valida base strategica per la flotta rivoluzionaria; ciò anche in seguito al rifiuto di Vittorio Amedeo III di seguire la Francia in un'alleanza contro l'Austria.

Lo spirito rivoluzionario portatore di istanze libertarie aveva il suo peso; come ce l'aveva l'errata convinzione che i sardi avrebbero accolto di buon grado l'arrivo dell'esercito rivoluzionario per sottrarsi all'oppressione piemontese.

Con questa convinzione, i francesi dapprima sbarcarono a Sant'Antioco e a Carloforte (gennaio 1793) senza incontrare alcuna resistenza, poi, a febbraio gettarono le ancore nelle acque antistanti Cagliari e iniziarono il bombardamento della città, con l'obiettivo della sua liberazione. L'assedio proseguì per diversi giorni senza alcun risultato: la Città seppe resistere. Seguì lo sbarco delle truppe francesi nei pressi di Quartu, ma le cose si misero male per l'esercito rivoluzionario che venne ricacciato a mare dalle truppe miliziane (sarde). L'attacco alla Sardegna finì così con una precipitosa fuga dei francesi.

L'entusiasmo della corte sabauda per quella eroica vittoriosa azione fu notevole: il re distribuì medaglie, titoli e onorificenze a tutti i piemontesi che ricoprivano i più alti incarichi (civili e militari) in Sardegna, ma ... dimenticò di conferire il pur minimo riconoscimento ai miliziani e ai loro comandanti. I sardi, i soli combattenti, non furono nemmeno menzionati nelle cerimonie per la vittoria.

Gli Stamenti, che si erano autoconvocati per decidere quali misure adottare in attesa dell'arrivo dei francesi e che avevano organizzato la difesa di

Cagliari, nelle loro riunioni dopo la vittoria, continuarono a lamentarsi per l'atteggiamento del governo di Torino.

Questo esaltante episodio di vittoria rinfocolò i sopiti sentimenti nazionalistici, che sfociarono in una serie di richieste e rivendicazioni avanzate nei confronti della corte torinese alla fine di aprile. Il documento inviato al re conteneva cinque richieste (*Le cinque domande*):

la regolare convocazione degli Stamenti; il conferimento delle cariche statali ai sardi; il rispetto delle leggi fondamentali dell'antico regno di Sardegna; la costituzione di un ministero per la Sardegna e infine l'istituzione a Cagliari di una sezione del consiglio di Stato.

I sei delegati che si recarono a Torino per presentare al re *Le cinque domande*, si trattennero nella capitale per circa un anno, in attesa di poter conferire con il re che per tutto quel tempo fu impegnato nelle operazioni militari. La risposta negativa non venne comunque consegnata ai delegati sardi, ma fatta recapitare direttamente al viceré.

Il malcontento a Cagliari e in tutta la Sardegna era

talmente palpabile che il viceré, temendo un'insurrezione, fece arrestare due noti personaggi di Cagliari (Cabras e Pintor) con l'accusa di complotto.

Il 30 aprile del 1794 tutti i piemontesi residenti a Cagliari, compreso il viceré, vennero cacciati a furor di popolo e fatti imbarcare su una nave diretta a Genova. La sommossa divenne una vera e propria ribellione, che si diffuse rapidamente in tutta l'Isola, con l'obiettivo di abbattere il sistema feudale. Il capo del movimento d'insurrezione popolare fu Giovanni Maria Angioy.

Intanto a Sassari gli aristocratici proclamarono la loro fedeltà al re e chiesero di separare la zona settentrionale dell'Isola (il Capo di Sopra) da Cagliari. Questo fatto alimentò nuovi disordini che indussero il viceré (Vivalda) d'accordo con la proposta degli Stamenti, a inviare l'Angioy a Sassari per trovare una soluzione e sedare i disordini sempre più gravi.

Durante il viaggio dell'Angioy (Alter nos) le popolazioni dei paesi attraversati andarono ad ingrossare il drappello partito da Cagliari, tanto da formare un vero esercito di oltre duemila cavalieri che fecero un ingresso trionfale a Sassari.

Sembrava giunto il momento, per G.M. Angioy, di prendere in mano le redini del movimento rivoluzionario e dopo qualche mese, a capo del suo esercito improvvisato, riprese la strada del ritorno con l'obiettivo di conquistare Cagliari.

Le cose non andarono affatto bene per questo patriota e rivoluzionario: il suo esercito venne disperso nei pressi di Oristano e Giovanni Maria Angioy dovette fuggire dall'Isola, trovando asilo in Francia.

Il viceré Vivalda, volendo aprire un processo contro i più stretti collaboratori di G.M. Angioy, emise un ordinanza (pregone) che prometteva ricompense a coloro che avessero contribuito alla cattura dei rivoltosi. Quasi tutti i Comuni ribelli nei confronti dei feudatari, si affrettarono a invocare il perdono regio, tranne Bono (paese natale di Angioy) che si rifiutò di collaborare con l'esercito per la cattura dei sostenitori angioini. I cittadini di Bono si rifugiarono nei boschi della montagna circostante, mentre le truppe saccheggiarono le abitazioni del paese. La notte del saccheggio finì con una colossale sbornia collettiva dei soldati che furono poi messi in fuga dagli abitanti rientrati a difendere le loro misere abitazioni.

Durante la Rivoluzione francese e il periodo napoleonico, la corte di Torino dimorò a Cagliari. Questo esilio forzato ebbe inizio nel 1799 pochi mesi prima che Napoleone annettesse i territori continentali "italiani", sotto il dominio dei Savoia, alla Francia. Il regno di Sardegna territorialmente si ritrovò ridotto al solo possesso dell'Isola, che accolse l'intera corte di Torino.

Durante il regno di Carlo Felice (1821-1831) e, ancor di più, sotto quello di Carlo Alberto (1831-1849), la Sardegna venne interessata a una serie di riforme che modificarono strutturalmente l'intera società sarda. I provvedimenti risalenti al secolo precedente, dettati dall'urgenza delle situazioni, ebbero invece il   solo risultato di scalfire superficialmente le precedenti istituzioni ancora in vigore.

Riforme e fine del Regno di Sardegna

'editto del 6 ottobre 1820, "Sopra le chiudende", raccoglieva le proposte già avanzate nei decenni precedenti che indicavano nell'istituzione della proprietà privata l'unica via da percorrere per condurre l'agricoltura sarda sulla strada della modernità. Soltanto il sostegno deciso e sistematico a favore della proprietà perfetta avrebbe incentivato e responsabilizzato le nuove figure dei proprietari, convincendoli dell'opportunità d'investire nell'ammodernamento delle colture, dando così inizio a un sistema agricolo in linea con il resto dell'Europa.

L'editto prevedeva che ogni proprietario avesse la facoltà di recintare i suoi terreni, ancorché gravati da servitù di pascolo. Analoga facoltà era accordata anche ai Comuni per le terre possedute: potevano dividerle e assegnarle alle famiglie residenti o venderle.

Regio editto sopra le chiudende, sopra i terreni comuni e della Corona, e sopra i tabacchi, nel Regno di Sardegna" emanato il 6 ottobre 1820 dal re di Sardegna Vittorio Emanuele I e pubblicato nel 1823; eccolo in sintesi.

Ogni proprietario potrà liberamente chiudere con siepe o muro i suoi terreni non soggetti a servitù di pascolo o passaggio o abbeveratoio. I terreni soggetti a tali servitù potranno essere chiusi solo in seguito all'autorizzazione rilasciata dal Prefetto.

Ogni Comune potrà esercitare, sopra i terreni che gli spettano in proprietà, gli stessi diritti riconosciuti ai privati.

Il Comune potrà non esercitare il suo diritto di chiusura e, in sua vece, deliberare il progetto di ripartire i propri terreni in pari porzioni fra i capifamiglia oppure venderli oppure concederli in affitto.

Trascorso un anno dalla pubblicazione della presente legge, in assenza di deliberazioni del Comune circa la destinazione dei terreni di sua proprietà, il loro riparto potrà essere richiesto da almeno tre capifamiglia direttamente al Prefetto.

I terreni propri della Corona, quelli derelitti o abbandonati, potranno essere venduti o ceduti gratuitamente o dati in affitto o assegnati con modalità conformi alle norme stabilite per il riparto delle terre comunali.

Nei terreni chiusi sarà libera qualunque

coltivazione, compresa quella del tabacco.

I problemi sorsero dalla mancanza di finanziamenti diretti ad agevolare le costose opere di recinzione (nella maggior parte dei casi si trattava di edificare muretti a secco), da cui ne derivò che solo i ricchi proprietari riuscirono a recintare i loro terreni. A ciò va aggiunta l'insufficiente informativa sull'editto anche a causa dell'analfabetismo che colpiva la quasi totalità delle popolazioni rurali.

Molti furono gli abusi compiuti e l'effetto conseguito dall'editto andò in tutt'altra direzione rispetto a quello previsto: il frazionamento e l'assegnazione delle terre fra una più vasta base di proprietari non si verificò; al contrario, si agevolarono e ingrandirono i vasti possedimenti con il conseguente e sproporzionato aumento degli affitti per i terreni destinati al pascolo.

Le reazioni alla chiusura dei terreni che prima dell'editto erano utilizzati per il pascolo fu violenta e sfociò in spedizioni dei pastori dirette alla distruzione dei muretti a secco e a vere e proprie azioni di guerriglia, con numerose vittime, in seguito ai torti subiti e alle inevitabili e spesso feroci vendette che seguirono.

Le antiche consuetudini che per secoli avevano consentito i pascoli liberi nelle terre comunitarie, costituivano il più valido dei motivi nella ferma e, in numerosi casi, violenta opposizione alle nuove norme, che infatti tardarono decenni ad essere applicate nella loro interezza.

Ai moti di protesta seguirono l'abbattimento delle recinzioni, incendi e numerosi omicidi soprattutto nelle zone interne dove le terre comuni destinate al pascolo erano particolarmente estese.

Fu necessario, e non già per la difesa dei diritti secolari dei pastori, l'intervento di speciali reparti dell'esercito che con estrema durezza contribuirono al ristabilimento dell'ordine, che significò spesso il consolidamento degli abusi perpetrati ai danni della popolazione più derelitta. Questa assoluta mancanza di tutela non poteva che alimentare una sorta di idealizzazione del banditismo le cui fila, infatti, aumentarono ulteriormente.

Nel 1839, regnando Carlo Alberto, venne promulgata la legge che stabiliva l'abolizione dell'ordinamento feudale, e che si concretizzò in corposi indennizzi a favore dei vecchi titolari dei diritti feudali. Nella maggioranza dei casi i feudatari spuntarono dei prezzi considerevolmente superiori all'effettivo valore delle terre. Furono le comunità interessate al riscatto che si dovettero accollare il pagamento delle indennità ai vecchi signori. Gli indennizzi costrinsero i comuni a ricorrere a un pesante indebitamento che si risolse in un aggravio dei tributi a carico dei residenti.

Attorno alla metà del secolo la borghesia isolana si fece promotrice di un forte movimento di opinione che sfociò politicamente nella pressione diretta ad estendere alla Sardegna le leggi e gli ordinamenti in vigore nei territori di terraferma del Regno.

Per beneficiare dei provvedimenti che vennero presi dal governo di Carlo Alberto, occorreva rinunciare all'autonomia di cui godeva la Sardegna e chiedere la fusione perfetta con lo stato sabaudo.

Nel novembre del 1847 venne inoltrata al re Carlo Alberto la richiesta della rinuncia della popolazione sarda (in effetti ben orchestrata e avanzata dai ceti borghesi di Cagliari) agli antichi privilegi e nel dicembre dello stesso anno venne proclamata la fusione della Sardegna nello Stato sabaudo, che così divenne uno Stato unitario.

"Sua Maestà, deferendo alle calde istanze delle Deputazioni, degli Stamenti e di varie Città del Regno, si degnò di esternare con tutta la tenerezza del suo paterno cuore come intende operare la fusione degli interessi di questa Isola con quei delle altre parti dei suoi Stati di Terraferma e formare una sola famiglia di tutti i suoi amati sudditi con perfetta parità di trattamento…"

Di conseguenza, furono abolite le ultime due istituzioni che rappresentavano la particolare situazione di semi-autonomia (negli ultimi tempi solamente di facciata) dell'Isola: il Parlamento sardo e la carica di Viceré.

In seguito alla fusione perfetta, l'Isola sarà integrata, per lo meno sotto l'aspetto legislativo e istituzionale, con il resto dei territori continentali.

Il regno di Sardegna resterà in vita (almeno formalmente) fino al 1861 quando, regnando Vittorio Emanuele II, nascerà il regno d'Italia.

A marzo del 1948 la neonata Repubblica italiana emanò la legge costituzionale che istituiva la Regione autonoma della Sardegna, riconoscendo all'Isola il diritto di esercitare alcune funzioni legislative ed esecutive.

Elenco delle foto:

19 Murale di Tinnura
20 Maschera
26 Goni – menhir e domus de janas
30 Gonnosfanadiga – tomba di giganti
36 Veneretta di Macomer
65 Torralba – Nuraghe Santu Antine
66 Barumini – Su Nuraxi
80 Nora
81 Tharros
82 Tharros
91 Cagliari – anfiteatro romano
92 Nora – anfiteatro romano
98 Basilica San Giovanni di Sinis
101 Basilica S.Giovanni di Sinis - interno
152 Cagliari – torre pisana dell'Elefante

Elenco delle Opere da cui sono stati tratti i brani riportati nel presente volume e che costituiscono anche un accenno di bibliografia essenziale.

Giulio Angioni
Le fiamme di Toledo – Ediz. Sellerio 2006

Ferruccio Barreca
La civiltà fenicio-punica in Sardegna – Ediz. Delfino
Sassari - 1986

Fernand Braudel
Memorie del Mediterraneo – trad. di Enrica Zaira
Merlo – Ediz. Bompiani 2010

Fernand Braudel
Il Mediterraneo – Trad. di Elena De Angeli
Bompiani 1992

Luca e Francesco Cavalli-Sforza
Chi siamo – Arnoldo Mondadori – 1993

Luca e Francesco Cavalli-Sforza
Perché la scienza - Arnoldo Mondadori – 2005

Ercole Contu
La Sardegna Preistorica e nuragica – Carlo Delfino
Editore – Sassari – 2008

Francesco Floris
Storia della Sardegna – Newton & Compton editori
Roma – 2004

Maurice Le Lannou
Pastori e contadini di Sardegna-trad.Manlio Brigaglia
Edizioni della Torre – Cagliari - 2006

D.H. Lawrence
Sea and Sardinia – T. Seltzer Inc. New York 1921

Giovanni Lilliu
La civiltà dei sardi – Il Maestrale – Rai Eri -2004

Giovanni Lilliu
Sardegna nuragica – Il Maestrale – Nuoro – 2006

Sabatino Moscati
Fenici e cartaginesi in Sardegna
Ilisso edizioni – Nuoro – 2005

Sabatino Moscati
Italia punica – Bompiani - 2000

Ettore Pais
Storia della Sardegna e della Corsica – 2 voll.
Ilisso edizioni - Nuoro - 1999

Massimo Pallottino
La Sardegna nuragica – Ilisso edizioni – Nuoro –
2000

Gennaro Pesce
La Sardegna punica - Ilisso edizioni - Nuoro – 2000

La Sardegna Medioevale e moderna – X volume
della Storia d'Italia – con scritti di Day – Anatra –
Scaraffia
Edizioni UTET – Torino – 1984

Storia della Sardegna
a cura di Manlio Brigaglia con scritti di M. Brigaglia
– G. Tanda – A. Mastino – L. Galoppini – A.
Mattone – P. Sanna – G. Fois – G. Melis – Edizioni
della Torre – Cagliari - 2004

Max Leopold Wagner
La lingua sarda – Ilisso Ed. - 1997

La società sarda in età spagnola
a cura di Francesco Manconi –
Consiglio Regionale della Sardegna 1993

INDICE.

7. Sardegna. Quasi un continente
21. La Sardegna ai margini della Storia
27. La Sardegna rientra nella Storia
31. Il neolitico e la nascita dell'agricoltura
37. Il neolitico in Sardegna
51. Monte d'Accoddi
53. L'Età nuragica
67. Fenici e Cartaginesi
83. I giganti di Mont'e Prama
86. La conquista romana
93. Tramonto di Roma e invasione vandalica
99. Il periodo bizantino
105. L'età giudicale
115. Tramonto dei Giudicati. Pisa e Genova
119. La dominazione aragonese e spagnola
127. Guerre, conflitti, saccheggi, rivolte
137. La Sardegna sabauda
153. Le riforme. Fine del regno di Sardegna

www.ingramcontent.com/pod-product-compliance
Lightning Source LLC
Chambersburg PA
CBHW070804240726
48654CB00007B/206